MARCEL DUBOIS — E. SIEURIN

Cartes d'Étude

pour servir à l'Enseignement

de l'Histoire et de la Géographie

I. — HISTOIRE CONTEMPORAINE
DEPUIS 1815

II. — LES PRINCIPALES PUISSANCES
DU MONDE

Troisième édition, avec cinq Cartes nouvelles et dix Cartes refaites

Classes de Philosophie et de Mathématiques

MASSON ET Cⁱᵉ, ÉDITEURS

2 fr.

Cartes d'Étude

I. — HISTOIRE CONTEMPORAINE DEPUIS 1815
II. — LES PRINCIPALES PUISSANCES DU MONDE

Classes de Philosophie et de Mathématiques

ENSEIGNEMENT DE L'HISTOIRE ET DE LA GÉOGRAPHIE

ENSEIGNEMENT SECONDAIRE

DIVISION PRÉPARATOIRE ET CLASSES ÉLÉMENTAIRES

Classes préparatoires : **Histoire et Géographie**, par M. E. SIEURIN. 2e *édition*. 1 vol. in-8, avec 91 cartes
et figures, cart. toile.. 2 fr. 50

Classe de huitième : **Histoire et Géographie**, par M. E. SIEURIN. 2e *édition*. 1 vol. in-8, avec 115 cartes
et figures, cart. toile.. 2 fr. 50

Classe de septième : **Histoire et Géographie**, par M. E. SIEURIN. 2e *édition*. 1 vol. in-8, avec 90 cartes
et figures, cart. toile.. 2 fr. 50

PREMIER CYCLE

Cinquième : **Afrique, Asie, Insulinde**, par MM. DUBOIS, SCHIRMER et GUY. 4e *édition*. 1 vol. in-16, cart.
toile.. 2 fr. 50
    Moyen Age et commencement des Temps modernes, par M. L.-G. GOURRAIGNE, professeur
au lycée Janson-de-Sailly. 1 vol. in-16, cart. toile.................... 3 fr.

Quatrième : **L'Europe**, par MM. DUBOIS, DURANDIN et MALLET. 5e *édition*. 1 vol. in-16, cart. toile... 3 fr.
    Les Temps modernes, par M. L.-G. GOURRAIGNE, 1 vol. in-16, cart. toile.............. 3 fr.

Troisième : **La France et ses colonies**, par M. MARCEL DUBOIS. 3e *édition*. 1 vol. in-16, cart. toile..... 2 fr. 50
    L'Époque contemporaine, par M. L.-G. GOURRAIGNE. 1 vol. in-16, cart. toile .... 3 fr.

SECOND CYCLE

Seconde : **Géographie générale**, par M. MARCEL DUBOIS. 2e *édition*. 1 vol. in-16, cart. toile........ 4 fr.
    Histoire moderne, par M. L.-G. GOURRAIGNE. 1 vol. in-16 cartonné toile (*en préparation*).
    Histoire de la civilisation ancienne jusqu'au Xe siècle, par M. SEIGNOBOS. 1 vol. in-16,
cart. toile.. 4 fr.

Première : **La France et ses Colonies**, par M. MARCEL DUBOIS. 6e *édition*. 1 vol. in-16, cart. toile..... 4 fr.
    Histoire moderne, par M. L.-G. GOURRAIGNE. 1 vol. in-16, cart. toile .... 5 fr.

Philosophie : **Les Principales Puissances du Monde**, par MM. MARCEL DUBOIS et J.-G. KERGOMARD. 3e *édition*.
1 vol. in-16, cart. toile.. 4 fr. 50
    Histoire contemporaine, par M. L.-G. GOURRAIGNE. 1 vol. in-16, cart. toile........... 5 fr.

CARTES D'ÉTUDE pour servir à l'enseignement de l'Histoire, par E. SIEURIN. *Antiquité, Moyen âge,
Temps modernes et contemporains.* 4e *édition*, entièrement refondue, avec 9 cartes nouvelles
et 25 cartes refaites. 1 atlas in-4, cartonné........................... 2 fr. 50

Cahiers Sieurin

I. *Classe de 6e*. **Géographie générale, Amérique, Australasie** (3e *édition*). .... 0 fr. 60
II. *Classe de 5e*. **Asie, Insulinde, Afrique** (3e *édition*)................................... 0 fr. 60
III. *Classe de 4e*. **Europe** (3e *édition*) .... 0 fr. 75
IV. *Classe de 3e*. **France et colonies** (4e *édition*)................................... 0 fr. 75
V. *Classe de 2e*. **Géographie générale**.. 0 fr. 75
VI. *Classe de 1re*. **France et Colonies**. 3e *édition*, entièrement refondue.................... 0 fr. 75
VII. *Classes de Philosophie et de Mathématiques*. **Les principales puissances du monde** ..... 0 fr. 75

Cahiers d'Histoire

Par E. SIEURIN

Classe de 6e. **L'Antiquité**. 2e *édition*, revue... 1 fr. 50
Classe de 5e. **Le Moyen Age**.. 1 fr. 50
Classe de 4e. **Les Temps modernes**... 1 fr. 50
Classe de 3e. **L'Époque contemporaine**... 1 fr. 50

(*Voir page 4 la division des Cartes d'Étude.*)

Cartes d'Étude

pour servir à l'Enseignement de

l'Histoire et de la Géographie

PAR MM.

Marcel DUBOIS

Professeur de Géographie coloniale à la Faculté des lettres de Paris
Maître de Conférences à l'École normale supérieure de jeunes filles de Sèvres.

ET

E. SIEURIN

Professeur d'Histoire et de Géographie au Collège de Melun

I. — HISTOIRE CONTEMPORAINE DEPUIS 1815
II. — LES PRINCIPALES PUISSANCES DU MONDE

Troisième édition avec cinq cartes nouvelles et dix cartes refaites

Classes de Philosophie et de Mathématiques

PARIS

MASSON ET Cⁱᵉ, ÉDITEURS

120, BOULEVARD SAINT-GERMAIN

1912

Gde DUCHÉ DE FINLANDE
L. Ladoga
Helsingfors
Aland (à la Russie)
St Pétersbourg
Christiania
Stockholm
ESTHONIE
Dago
NORVÈGE
MER DU NORD
GRANDE BRETAGNE ET IRLANDE
ÉCOSSE
Glascow
Edimbourg
SUÈDE
Gotland
Oland
Orel
LIVONIE
Nervo
Riga
Moscou
COURLANDE
Dwina
IRLANDE
Dublin
Liverpool
Manchester
Birmingham
Bristol
Londres
ANGLETERRE
DANEMARK
Copenhague
Bornholm (au Danemark)
MER BALTIQUE
Niémen
Vilna
LITHUANIE
Koenigsberg
RUSSIE
Kiev
Dniepr
Helgoland (à l'Angleterre)
HOLSTEIN
I. Rügen
Stralsund
POMÉRANIE
STETTIN
Thorn
ROYme DE
Varsovie
POLOGNE
Hambourg
Brême
Amsterdam
La Haye
HANOVRE
Berlin
Posen
ROYme DE PRUSSE
MANCHE
(Normandes à l'Angleterre)
Lille
Anvers
Bruxelles
PAYS-BAS
Leipzig
Iéna
Dresde
SAXE
Breslau
Lublin
Paris 1814 1815
Luxembourg
Aix-la-Chapelle
Francfort (1815)
Mayence
Landau
Metz
Strasbourg
CONFÉDon GERMANIQUE
WURTg
ROYme DE
Krakovie
Lemberg
GALICIE
Chatillon (1814)
Mulhouse
Montbéliard
Pontarlier
Neuchâtel
Rhin
Danube
BAVIÈRE
Munich
Vienne (1814-1815)
Salzbourg
HONGRIE
Jassy
Odessa
BESSARABIE
MOLDAVIE
FRANCE
Lyon
SUISSE
SAVOIE
ROYme DE SARDAIGNE
Turin
Gênes
Nice
Milan
Pavie
LOMBARDIE
Mantoue
Venise
VÉNITIE
EMPIRE D'AUTRICHE
Presbourg
Bude Pesth
TRANSYLVANIE
CRIMÉE
MER NOIRE
Avignon
Andorre
ESPAGNE
BALÉARES
Lucques
I. d'Elbe
CORSE (F)
TOSCANE
ÉTATS DE L'ÉGLISE
Rome
St Marin
Parme
Modène
DALMATIE
BOSNIE
Belgrade
SERBIE
Giurgevo
Bucarest
VALACHIE
Danube
EMPIRE
MER ADRIATIQUE
Raguse
MONTÉNÉGRO
BULGARIE
Choumla
Sofia
ROUMÉLIE
Silistrie
Naples
ROYme DES DEUX-SICILES
Palerme
SICILE
ALBANIE
Mer Ionienne
Iles Ioniennes
GRÈCE
Salonique
LIVADIE
Andrinople
Constantinople
Athènes
MINEURE
OTte ASIE
Malte (à l'Angleterre)
CRÈTE
OTTOMAN
20
Limites de la Conféd.on Germanique
TERRITOIRES ENLEVÉS A LA FRANCE
au 2e Traité de Paris (20 Nov. 1815)
ROYAUME DES PAYS-BAS
Lys
Condé
Quiévrain
Escaut
Philippeville
Marienbourg
Chimay
Bouillon
Meuse
Sambre
ROYme DE PRUSSE
Moselle
Rhin
Gde DUCHÉ DE LUXEMBOURG
Luxembourg
Oise
Aisne
BAVIÈRE RHÉNANE
Sarrelouis
Sarrebruck
Thionville
Landau
Frontière française en 1815
Annecy
SAVOIE
Chambéry
Isère
Rhône
Ostrolenka
PRUSSE
Vistule
Praga
Grochow
Wawer
Varsovie
POLOGNE
Lodz
(Royaume de 1815 à 1831)
SILÉSIE
Repque jusqu'en 1846
GALICIE
Cracovie
Vistule

Échelle
SUISSE
EMP.re D'AUTRICHE
ROYAUME DE SARDAIGNE
Annecy
SAVOIE
Chambéry
EMP.re FRANÇAIS
Turin
Novare
Vercell
Milan
Solférino (1859)
Magenta (1859)
PIEMONT
Alexandrie
Montebello
Gênes
Pontremoli
la Spezia
CÈDE
NICE
Nice
Menton
Monaco
LOMBARD
LOMBARDIE
Turbigo (1859)
VÉNITIEN
VÉNÉTIE
L'Autriche
Vérone
Mantoue
Adige Fl.
Venise
Trieste
DUCHÉ DE
PARME
Parme
DUCHÉ DE
MODÈNE
Modène
Bologne
ROMAGNE
1847 à la Toscane
Florence
Livourne
G.de DUCHÉ DE
TOSCANE
I. d'Elbe
CORSE
à la France
MER ADRIATIQUE
DALMATIE
Lissa (1866)
MARCHES
Rép. de S. Marin
Ancône
Castelfidardo (1860)
ÉTATS
OMBRIE
DE
L'ÉGLISE
Civita Vecchia
I. Caprera
Rieti (1821)
Mentana (1867)
Rome
MER TYRRHÉNIENNE
ROYAUME
Capoue
Gaëte (1861)
Volturno (1860)
Naples
DES
Capri
ROYAUME
DE
SARDAIGNE
Cagliari
DEUX-SICILES
CALABRE
Milazzo (1860)
Palerme
Messine
Reggio
Aspromonte (1862)
Marsala (1860)
SICILE
FORMATION
DE L'UNITÉ
ITALIENNE
1859
1866
1860-1861
1870
Rome
1860-1861
Royaume de Sardaigne
avant 1859
Pays cédés à la
France en 1860
LE QUADRILATÈRE
Peschiera
Solférino
(1859)
Goïto
(1848)
Mincio
Mantoue
Isola Giurla
Custozza
(1848-1866)
Villafranca
(1859)
Adige Fl.
Vérone
Arcole
Legnago

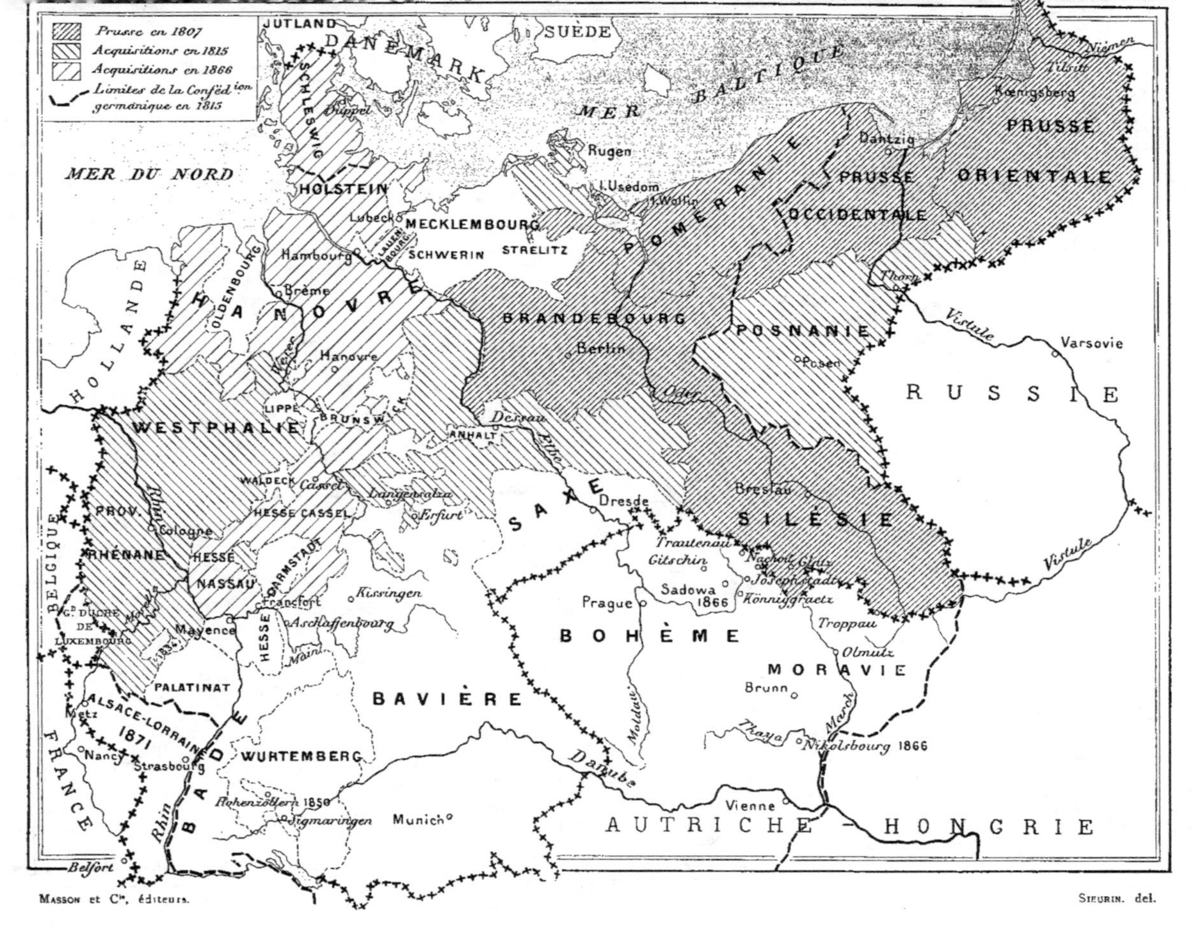

Masson et C⟨ie⟩, éditeurs.

Sieurin. del.

LA GUERRE FRANCO-ALLEMANDE

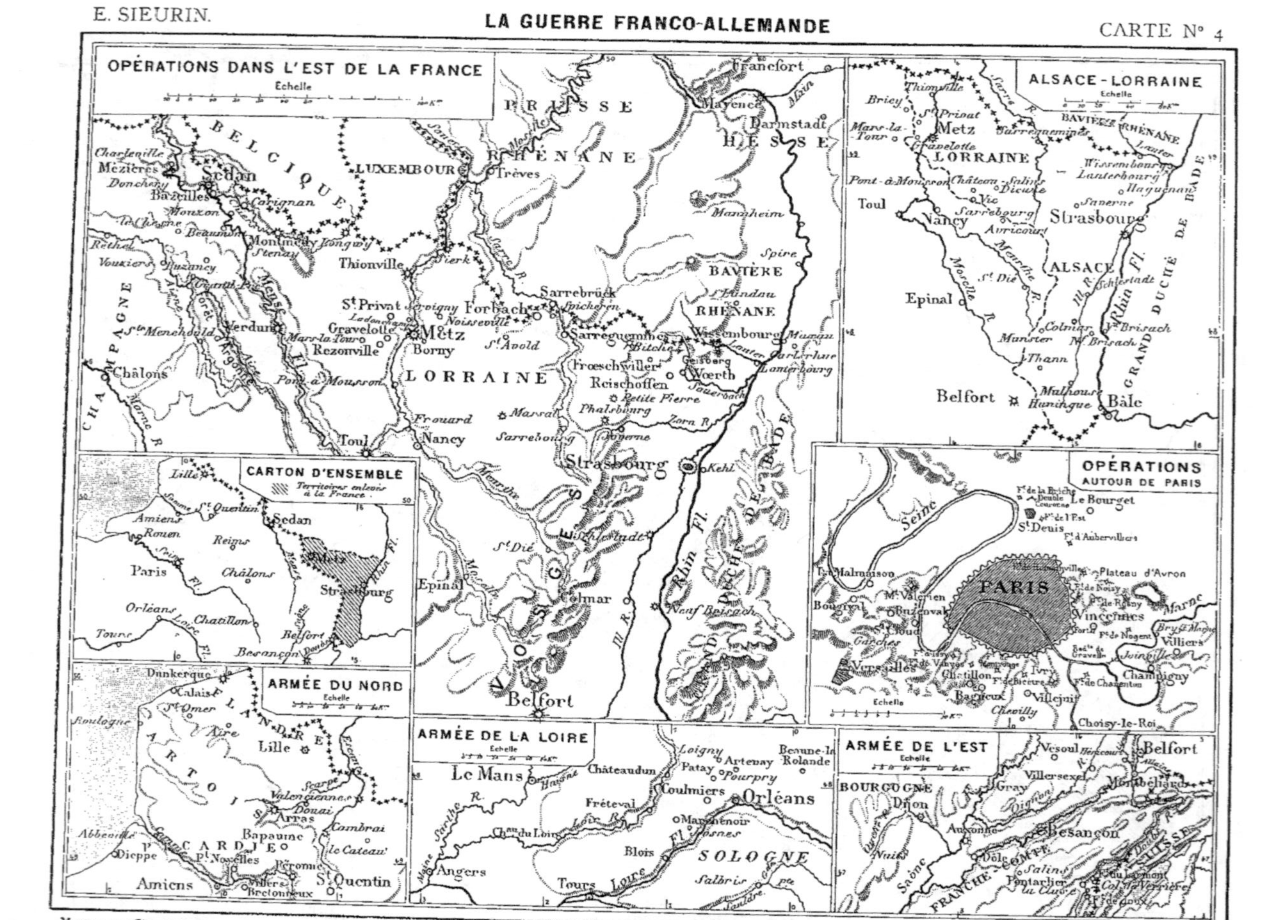

EMPIRE D'AUTRICHE
ROYAUME DE HONGRIE
TRANSYLVANIE
CROATIE
Trieste
Mur R.
Drave R.
Save R.
Danube Fl.
Theiss
Maros R.
Temesvar
ADRIATIQUE
ITALIE
BOSNIE (à l'Autr. 1878)
Belgrade
SERBIE (Roy.me 1882)
HERZÉGOVINE
Mostar
Novi-bazar
MONTÉNÉGRO
Cétigne
Antivari
Scutari d'Albanie
Dulcigno (1880)
ALBANIE
TURQUIE
Semendria
Widin
Orsova
Craïova
Nicopoli
Sistova
ROUMANIE
Principauté 1861 - Royaume 1881
Bucarest 1812
VALACHIE
Rustchouk
Silistrie
Choumla
BULGARIE (Principté 1878)
BALKANS
Sofia
Tirnova
Philippopoli
ROUMÉLIE ORIENTALE (1878)
Andrinople 1829
MOLDAVIE
BESSARABIE
Jassy
Galatz
Braïla
Kilia
Sulina
à la Russie de 1826 à 1845
Bender
Odessa
Akkerman 1826
MER NOIRE
Kustendje
Varna
Bourgas
MACÉDOINE
ROUMÉLIE
Vardar
Ouskoub
Saloniqué
Salonique
Constantinople
Bosphore
Scutari
Iles des Princes
San Stefano 1878
Thasos
Gallipoli
Lemnos
M. DE MARMARA
Brousse
Dardanelles
B. de Bebek
I. Mytilène
ASIE MINEURE
Smyrne
Samos
Chios
ARCHIPEL
Sporades Sep.
Janina
Prevesa
Parga
ÉPIRE
Arta
Missolonghi
Patras
Navarin
Tripolitza
MORÉE
GRÈCE (Roy.me 1830)
Lépante
Corinthe
Volo
Negrepont
EUBÉE
Athènes
le Pirée
Épidaure
Hydra
Spetzia
Cyclades
I. Cérigo
I. Rhodes
la Canée
B. de la Sude
Candie
B. de Mirabella
Sélino
Sphakia
CRÈTE
Hiérapetro
Iles Ioniennes (1864)

PERTES DE L'EMPIRE OTTOMAN
1812. Traité de Bucarest. Bessarabie
Partie de la Bessarabie réoccupée par les Turcs de 1856 à 1878 (Congrès de Paris 1856).
Delta du Danube donné à la Russie (jusqu'à 1856) (Convention d'Akkerman 1826) confirmé par le traité d'Andrinople (1829)
1878. Traité de Berlin : Bosnie, Herzégovine, Novi-bazar, occupés par l'Autriche, agrandissements de la Serbie et du Monténégro; Dobroudja à la Roumanie, Bessarabie méridionale à la Russie, Chypre aux Angl.t
1880. Dulcigno au Monténégro
1881. Thessalie et portion de l'Épire à la Grèce
PAYS INDÉPENDANTS
Roumanie (principauté 1861 - roy. 1881)
Grèce (royaume 1830, agrandie de la Thessalie 1881)
Serbie
Monténégro
PAYS AUTONOMES
1878 Principauté de Bulgarie
1878 Roumélie orientale
1885 Roumélie orientale réunie à la Bulgarie - Crète - Samos

RIVALITÉ DU SULTAN ET DE MEHEMET-ALI 1831-1841
Sinope
Constantinople
Unkiar Skelessi 1833
Scutari
Brousse
Koutaych
ASIE MINEURE
Smyrne
Konieh
TAURUS
Adana
Nezib
Passe de Beïlan
Alep
Antioche
Chypre
Homs
Tripoli
Beyrout
Saïda
St Jean d'Acre
Jaffa
Damas
SYRIE
Jérusalem
Alexandrie
le Caire
Euphrate
LIBAN

Échelle
100 Kil.
SÉBASTOPOL
Baie de Sébastopol
Tour Malakof
Tchernaïa

GUERRE DE CRIMÉE 1854-1855
MER D'AZOV
Eupatoria
Old Fort
Almalama
Simphéropol
Yaila Dagh
Théodosia
Sébastopol
B.de Kamiesch
Inkerman
Tcherna
Balaklava
Yalta
Salghir
Kertch
MER NOIRE

LES NATIONALITÉS EN AUTRICHE-HONGRIE
CARTE N° 6
E. SIEURIN.
ALLEMAGNE
RUSSIE
Dresde
SAXE
Graslitz
Carlsbad
Teplitz
Egra
Prague
Elbe
Pilsen
Sudova
Tchèques
BOHÊME
Reichenberg
Troppau
Oder
Olmutz
Iglau
MORAVIE
Brünn
Budweiss
Vistule
Cracovie
Polonais
Lemberg
CISLEITHANS
Juifs
Brody
Ruthènes
Czernowitz
BAVIÈRE
Slovaques
Inn R.
AUTRICHE
Linz
VIENNE
Presbourg
Theiss R.
BUKOVINE
Salzbourg
Leitha
Danube Fl.
Debreczen
Allemands
Innsbruck
HONGRIE
BUDA PEST
Magyars
Maramaros
SUISSE
TYROL
Brixen
STYRIE
Graz
TRANSLEITHANS
Klausenburg
Botzen
CARINTHIE
TRANSYLVANIE
Italiens
PAYS
Roumains
Szégédin
Vérone
Slovènes
Laibach
CROATIE
Drave
ITALIE
Goritz
CARNIOLE
Agram
Trieste
Venise
ISTRIE
Fiume
Croates
SLAVONIE
Pola
Belgrade
ROUMANIE
Race germanique
Allemands, 11 millions
Race finnoise
Hongrois ou Magyars, 8 millions
Bosniaques
BOSNIE
Serbes
Danube Fl.
Race slave : 23 millions
Tchèques 7,5
Ruthènes, 3,5
Croates, 4
Polonais, 3,7
Slovènes, 1,3
Serbes, Dalmates
SERBIE
BULGARIE
Zara
Sérajevo
Race latine : Roumains 3 millions
Italiens 700 000
Spalato
DALMATIE
HERZÉGOVINE
Novibazar
MASSON et Cie, éditeurs.
Raguse
MONTÉNÉGRO
ALBANIE
SIEURIN, del.

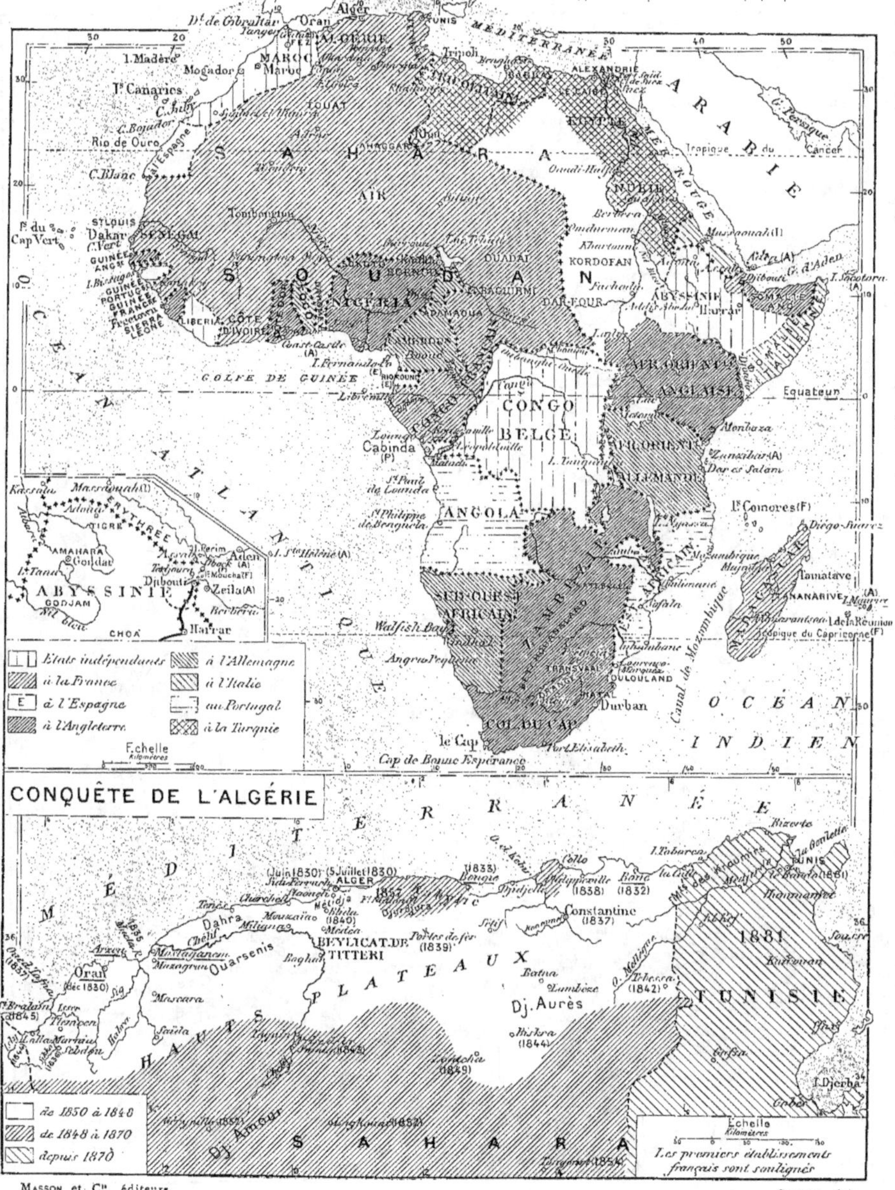

ABYSSINIE (encart)

CONQUÊTE DE L'ALGÉRIE (encart)

LES PUISSANCES EUROPÉENNES EN ASIE

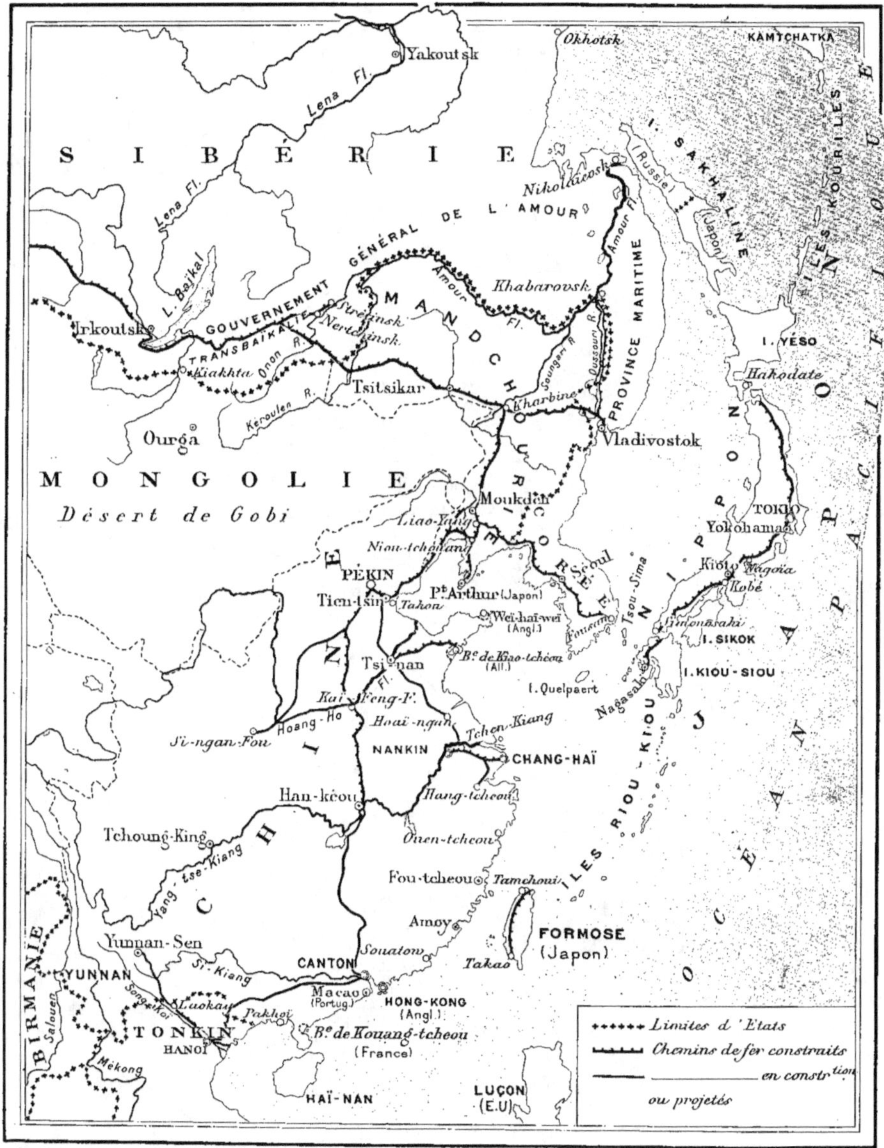
Yakoutsk
Okhotsk
KAMTCHATKA
Lena Fl.
Lena Fl.
SIBÉRIE
I. SAKHALINE
(Russie)
(Japon)
ÎLES KOURILES
Nikolaïcosk
GÉNÉRAL DE L'AMOUR
Amour Fl.
L. Baïkal
GOUVERNEMENT
Khabarovsk
MANDCH
Amour Fl.
Ptréjinsk
Irkoutsk
TRANSBAIKALIE
Nertchinsk
Soungari R.
Oussouri R.
PROVINCE MARITIME
I. YÉSO
Kiakhta
Onon R.
Keroulen R.
Tsitsikar
Kharbine
Hakodate
Ourga
Vladivostok
OURI
MONGOLIE
Moukden
TOKIO
Désert de Gobi
Liao-Yang
CORÉE
Yokohama
NIPPON
Niou-tchouang
Séoul
Kioto
Nagoïa
PÉKIN
Pt Arthur (Japon)
Tsou-Sima
Kobé
Tien-tsin
Tahou
Wei-haï-weï
(Angl.)
Fousan
Hinonaraki
I. SIKOK
Tsi-nan
Bie de Kiao-tchéou
(All.)
I. Quelpaert
Nagasaki
I. KIOU-SIOU
Hoang-Ho
Kaï-Feng-F.
JAPON
Ji-ngan-Fou
Hoaï-ngan
Tchen-Kiang
CHINE
NANKIN
CHANG-HAÏ
Han-kéou
Hang-tchéou
OCÉAN PACIFIQUE
Tchoung-King
Ouen-tchéou
Yang-tse-Kiang
ÎLES RIOU-KIOU
Fou-tchéou
Tamchoui
Amoy
FORMOSE
(Japon)
Yunnan-Sen
Souatow
CANTON
Takao
Si-Kiang
BIRMANIE
YUNNAN
Macao
(Portug.)
HONG-KONG
(Angl.)
Salouen
Song-koï
S. Laokay
Pakhoi
Bie de Kouang-tcheou
(France)
TONKIN
HANOÏ
Mékong
HAÏ-NAN
LUÇON
(E.U)
Limites d'États
Chemins de fer construits
en constr.tion
ou projetés

Les dates indiquent l'époque de
l'affranchissement des États
Territoire enlevé en 1884 par le Chili
au Pérou et à la Bolivie
Limites des vice-royautés et de Capitaineries
Limite d'États
ÎLE DE CUBA
Echelle
LA HAVANE
Matanzas
Pinar del Rio
Cienfuegos
Santa Clara
Sagua la Grande
Cardenas
Santo Espiritu
Trinidad
Tunas
Nuevitas
Puerto Principe
Holguin
Bº de Bonne Espérance
Manzanillo
Bayamo
Baracoa
Cap Maisi
Santiago de Cuba
ÉTATS UNIS
Nouvelle-Orléans
VICE-ROYAUTÉ DE MEXICO
PRESQ'ILE DE CALIFORNIE
GOLFE DU MEXIQUE
FLORIDE
Key West
Tampa
La Havane
Iles Bahama
Iles des Pins
ATLANTIQUE
MEXIQUE (1821)
Guanajuato
Queretaro
MEXICO
Puebla
Tampico
Vera-Cruz
Oajaca
Acapulco
San Salvador
CUBA (Indépendante)
GRANDES ANTILLES
HAÏTI
PORT au PRINCE
Kingston
Jamaïque (Ang)
MER DES ANTILLES
Porto-Rico (États-Unis)
Guadeloupe
Martinique
PETITES ANTILLES
CAPITAINERIE GENle DE GUATEMALA
Independance
Confédération de 1823 à 1835
Carthagène
Colon
Panama
Porto Bello
COLOMBIENNE
Curaçao 1829-1830
La Guaira
Carabobo
CARACAS
Margarita
Trinité
Llanos
CAPITAINERIE GENle DE CARACAS
Georgetown
Paramaribo
Cayenne
GUYANE ANGle
GUYANE HOLle
GUYANE Fse
Angostura
Bogota
SANTA-FÉ de Bogota
VICE-ROYAUTÉ DE SANTA-FÉ
OCÉAN
Equateur
QUITO
Guayaquil
Para ou Belem
Amazone
Selvas
BRÉSIL
(AU PORTUGAL)
Empire (1821) Républe Fédérative (1889)
Pernambouc
Matto Grosso
Bahia
VICE-ROYAUTÉ DE LIMA
PÉROU (1821)
Callao
Lima
Ayacucho
Cuzco
BOLIVIE
La Paz (Ht PÉROU)
CHUQUISACA (SUCRE)
Ouro Preto
Iquique
Potosi
GUATÉMALA
HONDURAS
Bélize
TEGUCIGALPA
GUATEMALA
SALVADOR
S. SALVADOR
NICARAGUA
Léon
MANAGUA
COSTA RICA
PANAMA
S. JOSÉ
Colon
Panama
AMÉRIQUE CENTRALE
Grand Chaco
Desert d'Atacama
Antofagasta
Tucuman
PARAGUAY (1811)
ASSOMPTION
RIO DE JANEIRO
VICE-ROYAUTÉ DE BUENOS-AYRES
CAPit GÉNle DE SANTIAGO
Valparaiso
SANTIAGO
Chacabuco
Rancagua
BUENOS-AYRES
RÉPe ARGENTINE (1817)
URUGUAY (1828)
MONTEVIDEO
La Plata
Valdivia
Pampas
PATAGONIE
CHILI (1818)
OCÉAN PACIFIQUE
MALAISIE
BORNÉO
Celebes
Moluques
NelleGUINÉE
Flores
Timor
MER D'ARAFURA
Dt de Torrès
M. DE CORAIL
Palmerston
TERRITOIRE DU NORD
Wyndham
AUSTRALIE OCCIDENTALE
Desert de Gibson
Desert de Victoria
Perth
AUSTRALIE DU SUD
QUEENSLAND
Rockhampton
Brisbane
Nelle GALLES DU SUD
Newcastle
Sydney
Adélaide
Gde Baie Australienne
Kingston
Ballarat
VICTORIA
Melbourne
Dét. de Bass
Launceston
Hobart Town
TASMANIE (1825)
Albany
AUSTRALIE
Echelle
Ile Falkland
Terre de Feu
C. Horn
CÔTE SUD-EST DE L'AUSTRALIE
Silverton
Kapunda
Burra Burra
Bathurst
Newcastle
Adélaide
Sydney
Jackson
Botany Bay
Sandhurst
BOMBALA
Ballarat
Geelong
Melbourne
Cap Wilson

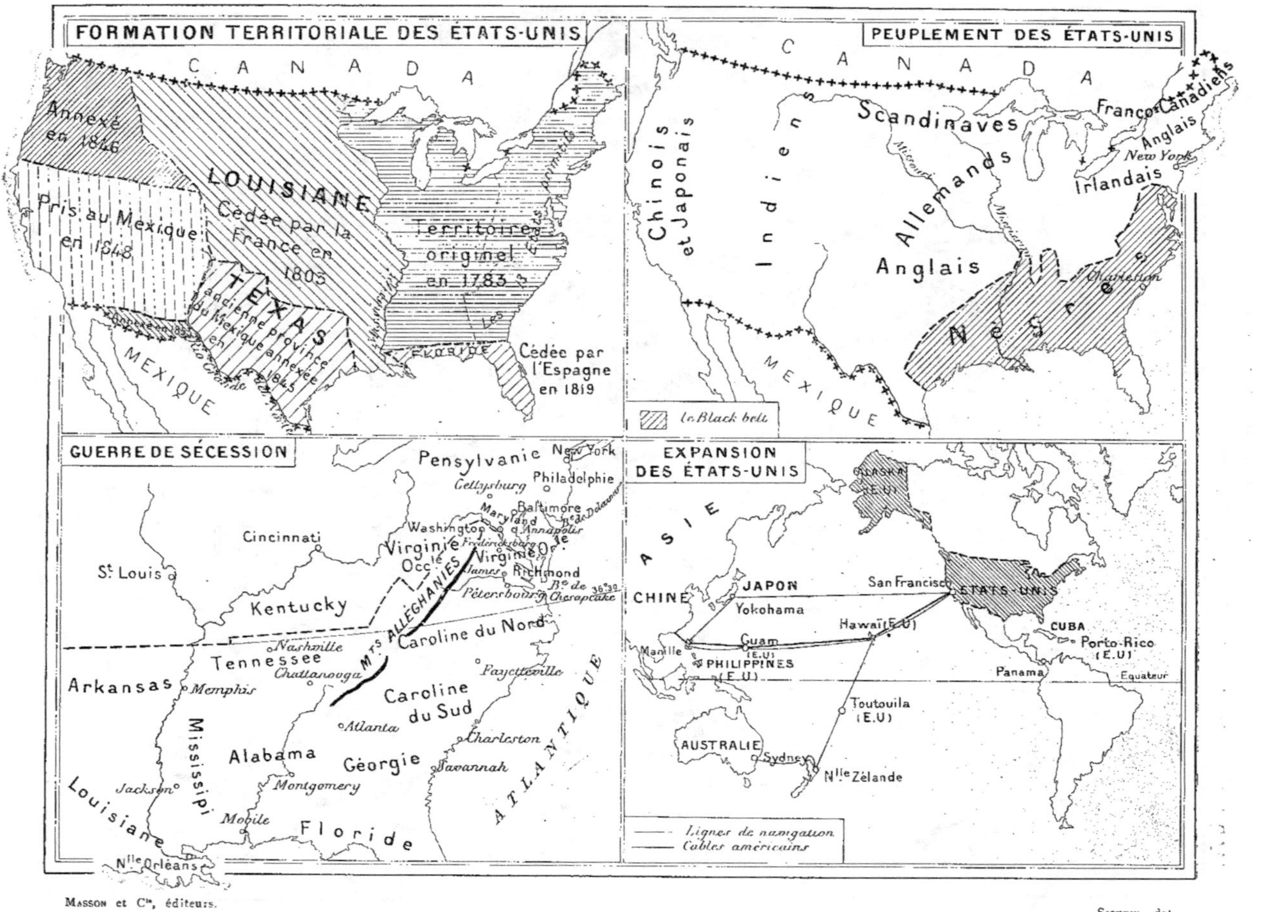

E. SIEURIN.
LES ÉTATS-UNIS AU XIXᵉ SIÈCLE
CARTE Nᵒ 11
SIEURIN, del
MASSON et Cⁱᵉ, éditeurs.
FORMATION TERRITORIALE DES ÉTATS-UNIS
CANADA
LOUISIANE
Cédée par la France en 1803
TEXAS
ancienne province mexicaine annexée en 1845
Pris au Mexique en 1848
Territoires originel en 1783
FLORIDE
Cédée par l'Espagne en 1819
Annexé en 1846
Rio Grande
MEXIQUE
PEUPLEMENT DES ÉTATS-UNIS
CANADA
Français
Canadiens
Irlandais
Anglais
New-York
Scandinaves
Allemands
Anglais
Indiens
Chinois et Japonais
Noirs
Mississipi
Missouri
le Black-belt
MEXIQUE
GUERRE DE SÉCESSION
Pensylvanie
New-York
Philadelphie
Gettysburg
Washington
Maryland
Baltimore
Annapolis
Virginie
Richmond
Petersbourg
Occidentale
Chancellorsville
Caroline du Nord
Fayetteville
Caroline du Sud
Charleston
Kentucky
Cincinnati
Tennessee
Nashville
Chattanooga
Atlanta
Géorgie
Savannah
Alabama
Montgomery
Mississipi
Jackson
Arkansas
Memphis
Mobile
Floride
Louisiane
St Louis
Nlle Orléans
ALLÉGHANYS
ATLANTIQUE
EXPANSION DES ÉTATS-UNIS
ASIE
CHINE
JAPON
Yokohama
Manille
PHILIPPINES (E.U)
Guam (E.U)
ALASKA (E.U)
ÉTATS-UNIS
San Francisco
CUBA
Porto-Rico (E.U)
Panama
Équateur
Hawaii (E.U)
Toutouila (E.U)
Nlle Zélande
Sydney
AUSTRALIE
Lignes de navigation
Cables américains

ILES BRITANNIQUES
(CARTE PHYSIQUE)

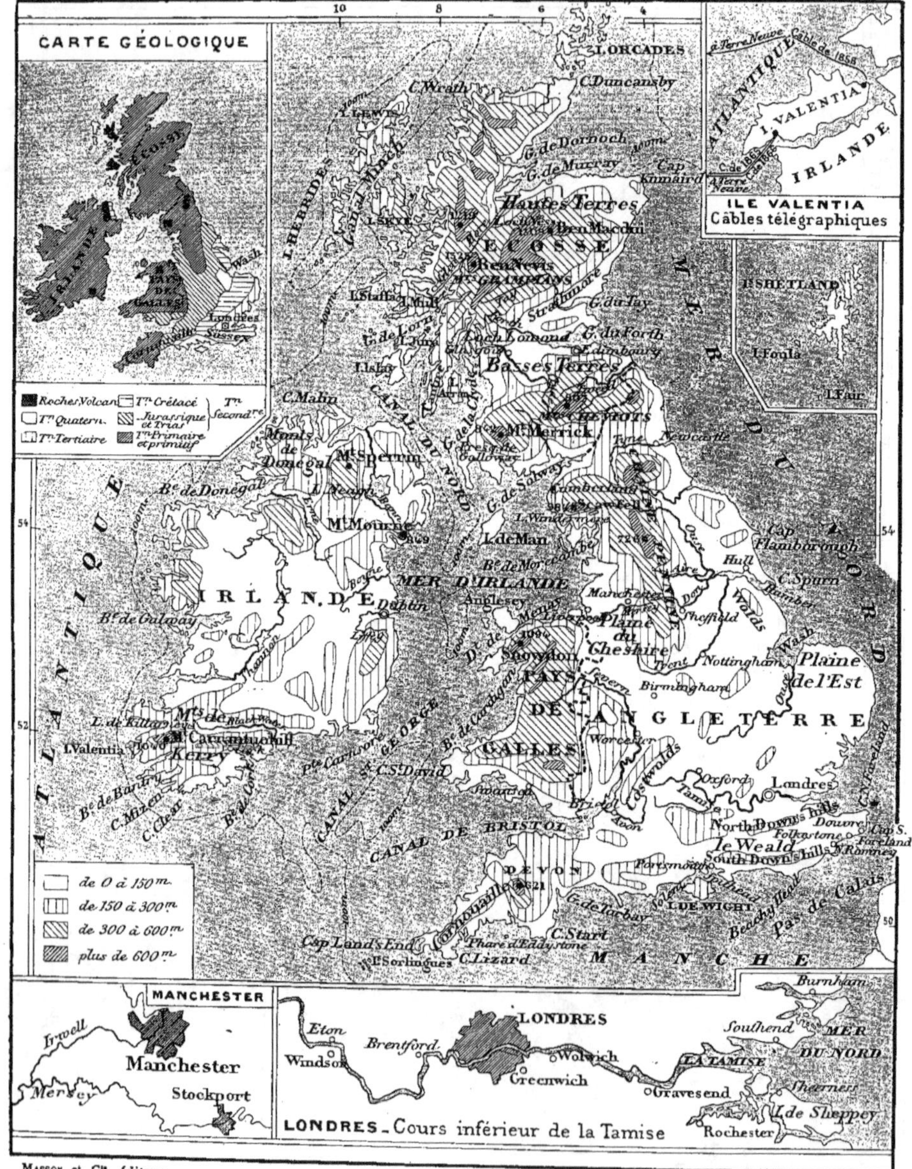

SUPERFICIE COMPARÉE
France 535
Iles Brit.ᵉˢ 315
I. Fair
Iˢ ORCADES
Iˢ SHETLAND
I. Foula
I. Fair
C. Wrath
C. Duncansby
G. de Dornoch
G. de Murray
C. Kinnaird
Inverness
Aberdeen
ECOSSE
Canal Calédonien
Dundee
G. du Tay
Perth
Forth
G. de Lorn
Leith
G. du Forth
Greenock
Glasgow
Edimbourg
Clyde
Tweed R.
MER DU NORD
Newcastle
Tynemouth
Tyne
Gateshead
Sunderland
Carlisle
Stockton
Darlington
Middlesborough
Whitby
Londonderry
Ouse R.
Scarborough
Bⁱᵉ de Donegal
Belfast
Lac Neagh
G. de Solway
Bann
I. de Man
Bradford
Leeds
IRLANDE
MER D'IRLANDE
Aire
Hull
Canal Royal
Liverpool
Manchester
Grimsby
Galway
Gᵈ Canal
Mersey
Don
Sheffield
de Galway
Shannon
Liffey
Dublin
Stoke
Wash
Trent
Nottingham
Limerick
PAYS
Wolverhampton
Yarmouth
Waterford
DE
Birmingham
Blackwater R.
Ouse
Worcester
ANGLETERRE
Cork
GALLES
Oxford
CANAL ST GEORGE
Merthyr-Tydwil
Severn
LONDRES
Swansea
Tamise
Harrowgate
Cardiff
Reading
Ramsgate
BRISTOL
Bristol
Avon
Kennet
Folkestone
CANAL DE
Southampton
Brighton
Exeter
Portsmouth
Newhaven
Newport
Pas de Calais
Plymouth
Portland
I. DE WIGHT
à la Nᵉ Écosse
C. Land's End
(C. Finisterre)
Penzance
LA MANCHE
Dieppe

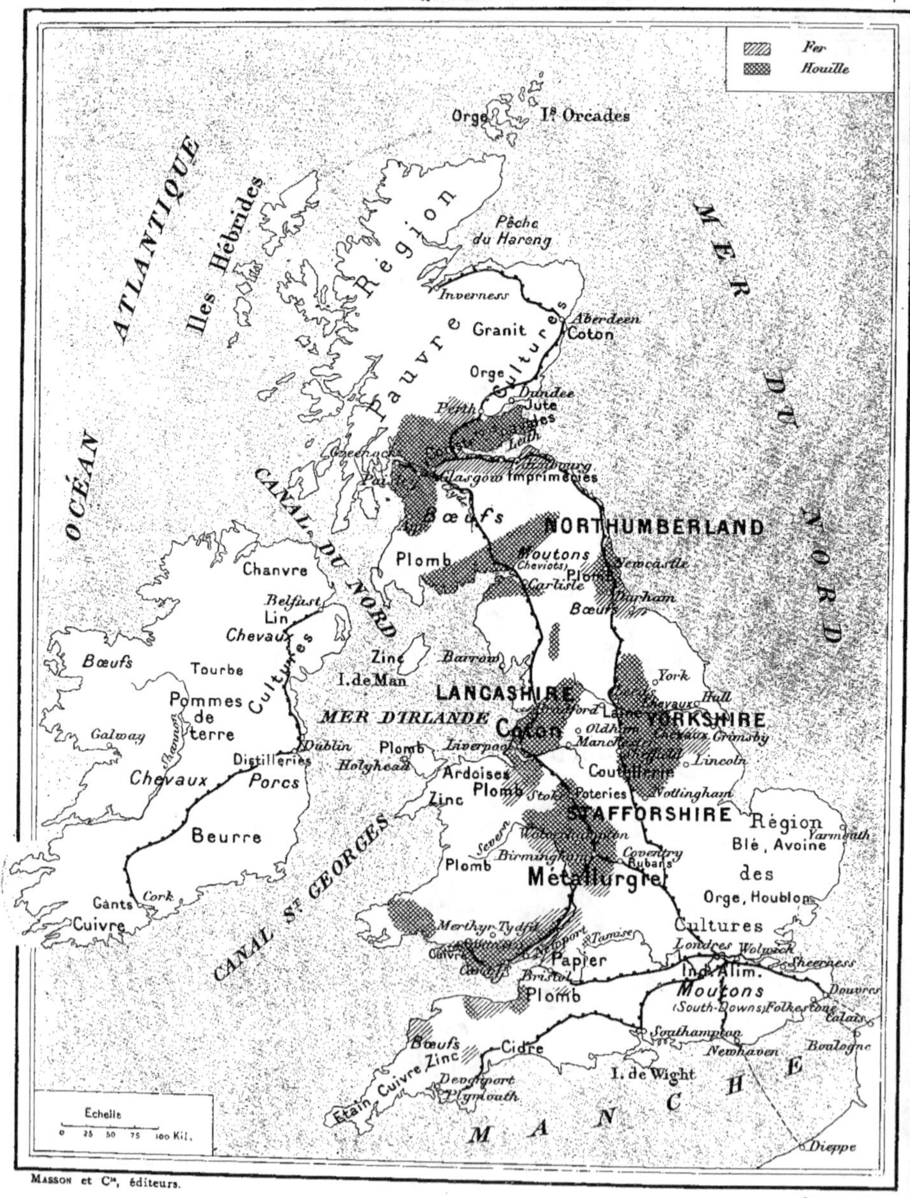
Fer
Houille
Orge
I⁸ Orcades
ATLANTIQUE
OCÉAN
Iles Hébrides
Région Pauvre
Cultures
Pêche du Hareng
Inverness
Granit
Orge
Aberdeen
Coton
Perth
Dundee
Jute
Toiles
Leith
Greenock
Édimbourg
Paisley
Glasgow
Imprimeries
MER DU NORD
CANAL DU NORD
Bœufs
NORTHUMBERLAND
Moutons
(Cheviots)
Newcastle
Plomb
Plomb
Carlisle
Durham
Bœufs
Chanvre
Belfast
Lin
Chevaux
Tourbe
Cultures
Zinc
Barrow
I. de Man
York
Chevaux
Hull
Bœufs
Galway
Pommes de terre
LANCASHIRE
YORKSHIRE
MER D'IRLANDE
Coton
Nord
Leeds
Oldham
Manchester
Grimsby
Chevaux
Dublin
Plomb
Liverpool
Lincoln
Distilleries
Holyhead
Ardoises
Coutellerie
Chevaux
Porcs
Plomb
Stoke
Poteries
Nottingham
Zinc
STAFFORSHIRE
Beurre
Severn
Région
Blé, Avoine
Yarmouth
Birmingham
Coventry
Rubans
des
Plomb
Métallurgie
Orge, Houblon
Gants
Cork
Cuivre
Merthyr Tydfil
Cultures
Londres
Woolwich
Tamise
Newport
Sheerness
Papier
Ind. Alim.
Cuivre
Cardiff
Bristol
Moutons
(South-Downs)
Folkestone
Douvres
Calais
Plomb
Bœufs
Cidre
Southampton
Newhaven
Boulogne
Étain
Cuivre
Zinc
Devonport
Plymouth
I. de Wight
MANCHE
Dieppe
CANAL St GEORGES
Échelle
0 25 50 75 100 Kil.

MASSON et Cⁱᵉ, éditeurs.
SIEURIN, del.

Possessions angl.ses
Protectorats anglais
ILES BRITANNIQUES
CANADA
TERRE-NEUVE
Gibraltar
1713
Malte
1815
Chypre
1878
C.Juby
1878
Iª Bermudes
1609
Iª Bahama
ANTILLES ANGLAISES
HONDURAS ANGL.
1786
Jamaique
1655
Iª Barbade
Trinité
1815
GAMBIE
SIERRA-LEONE
1807
NIGERIA
1882
CÔTE DE L'OR
Equateur
GUYANE
1814
Ascension
Ste Hélène
1673
Walfish bay
I.Ichaboe
LE CAP
1815
Tristan de Cunha
1816
Iª Falkland
1833
Géorgie du Sud
Adeno
1839
Iª Perim
SOMALIE ANGL.
1888
Socotora
1835
Zanzibar
1890
Iª Maldives
Seychelles
1814
Amirantes
1814
I.Chagos
Maurice
1815
I.Rodriguez
1810
I.des Cocos
Iª Christmas
Iª Bahrein
EMPIRE DES INDES
Kuria Muria
1877
Laquedives
CEYLAN
1815
Andaman
Nicobar
BORNÉO
1888
Singapour
1818
Wei-hai-wei
1895
Hong-Kong
1842
I.Johnston
Nlle Guinée
Iª Gilbert
Iª Salomon
Iª Christmas
AUSTRALIE
1788
Fidji
1874
I.Norfolk
Iª Kermadec
TASMANIE
1825
ZÉLANDE
1840
Iª de la royauté, Cie
I.Stewart
I.Snares

PRESQU'ILE DE MALACCA
Possessions anglaises
(Straits Settlements)
Protectorats anglais
Ch. de fer construits
Ch. de fer en constr.tion
Echelle
0   25   50   100   150   200 Kil.
DÉPENDANCES DU SIAM
SUMATRA
worth
WELLESLEY
own
Penang
DINDING
PERAK
SELANGOR
PAHANG
JOHORE
Port-Dixon
Malacca
DÉT. DE MALACCA
C.Romania
Singapour

NOUVELLE-ZÉLANDE
Chemins de fer
Echelle
0 25 50   100   150   200 K.
C.Nord
Hokianga
Pª Albert
C.Colville
Auckland
Thames
Waikato R.
Tauranga
C.Est
IKANA-MAWI
AUCKLAND
1688
New Plimonth
TARANAKI
Mt Tongarino
2500
Taupo
Mt Egmont
Mt Ruapehu
2760
Napier
Wanganui
C.Farewell
WELLINGTON
HAWKE'S BAY
Woodville
MER DE TASMAN
Nelson
Mt
Franklin
3050
Westport
Marlborough
Wellington
Dét de Cook
Greymouth
Amberden
OCÉAN
TAVAI-POUNAMOU
WESTLAND
NELSON
CANTERBURY
MARLBOROUGH
Christchurch
Mt Cook
3768
Mt Aspiring
3025
PACIFIQUE
Waitaki R.
Oamaru
OTAGO
Dunedin
C.Providence
Invercargill
I.Stewart
Dét. de Foveaux

SIEURIN, del.

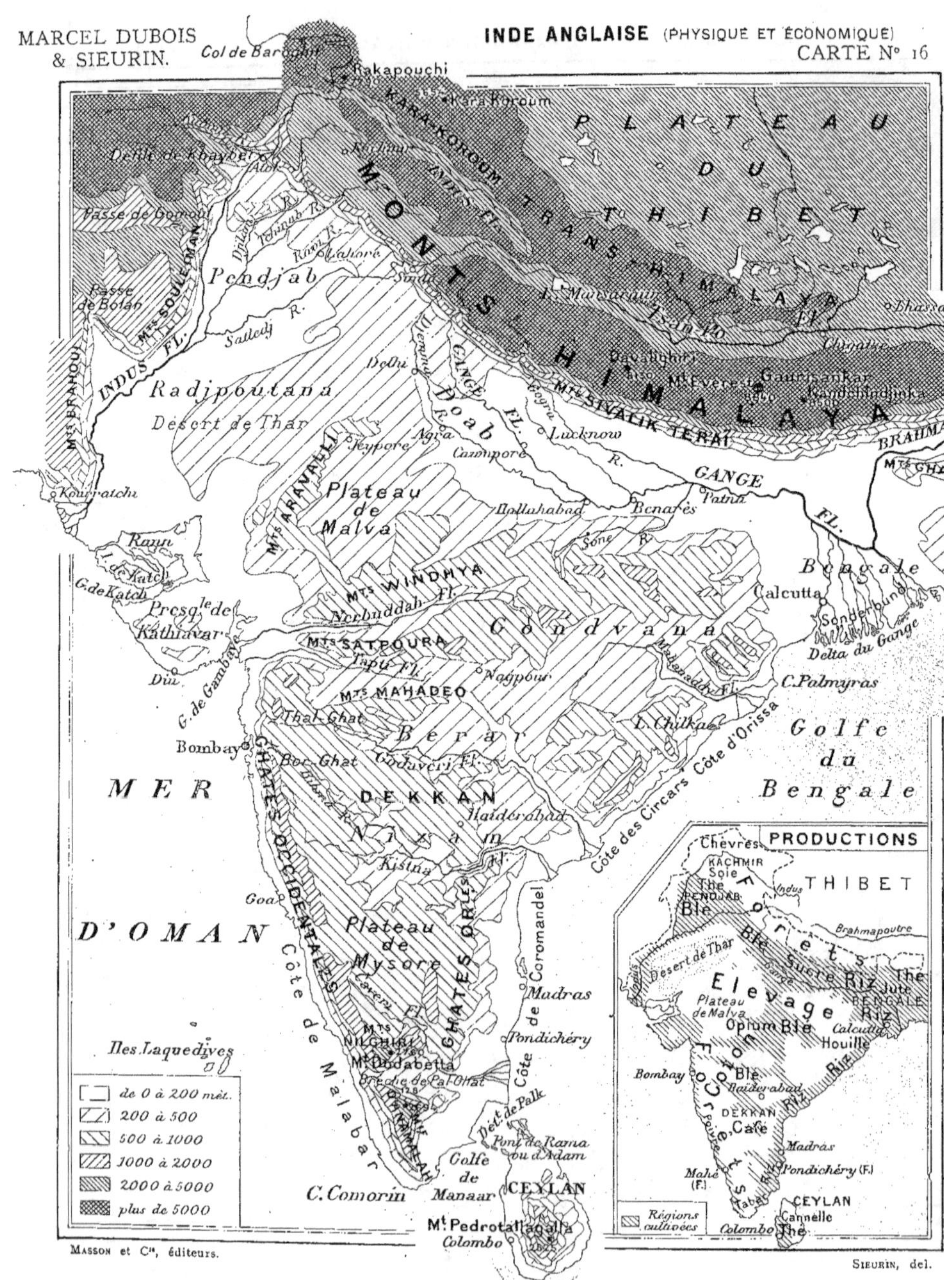

MASSON et Cie, éditeurs.

SIEURIN, del.

INDE ANGLAISE (CARTE POLITIQUE)
CARTE N° 17

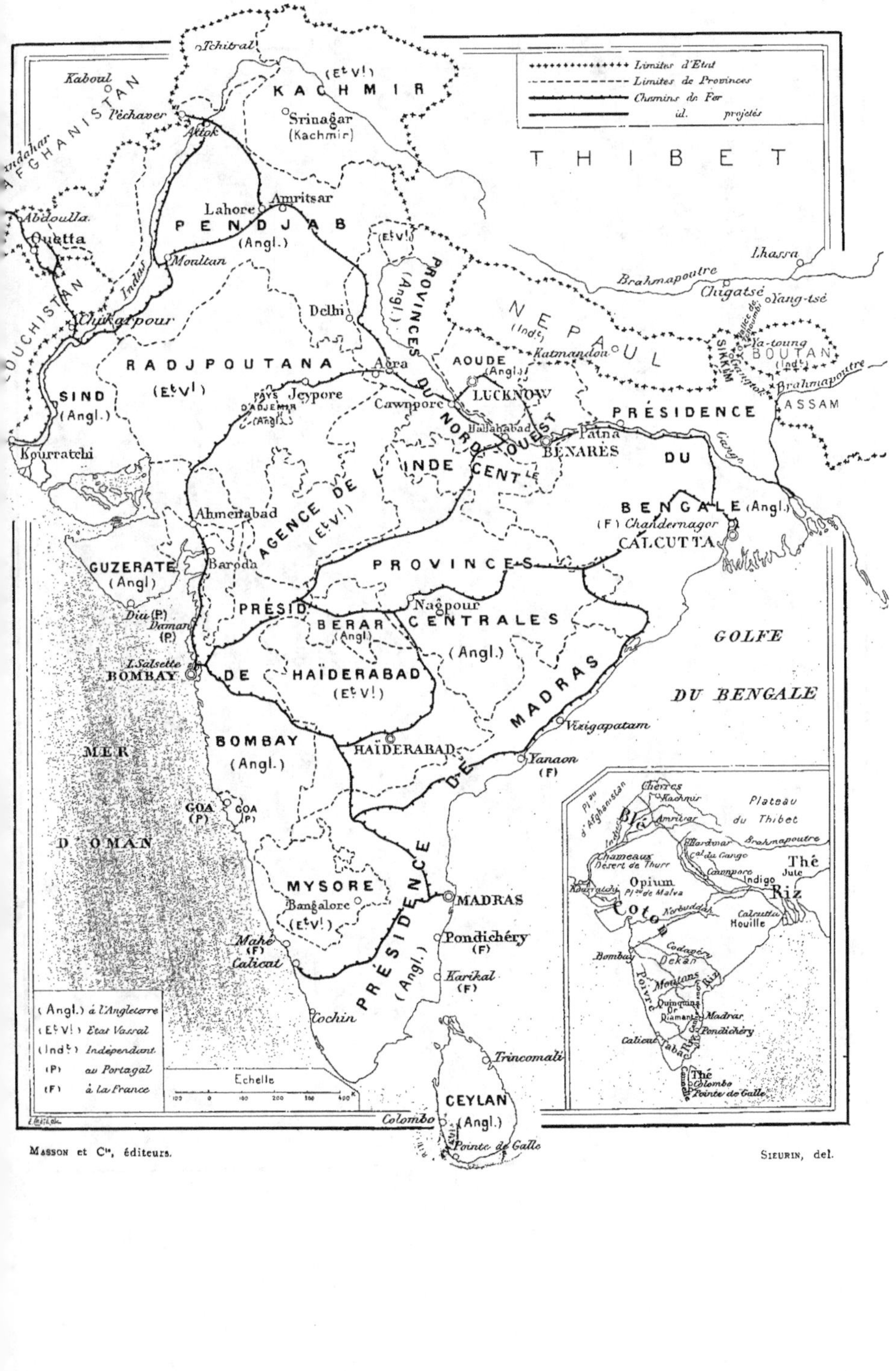

Limites d'État
Limites de Provinces
Chemins de Fer
id. projetés

THIBET

AFGHANISTAN
Kaboul
Péchaver
Altok
Srinagar
(Kachmir)
KACHMIR
(Et Vl)
Tchitral

Kandahar
Abdoulla
Quetta
BELOUCHISTAN
Chikarpour
SIND
(Angl.)
Kourratchi

Lahore
Amritsar
PENDJAB
(Angl.)
Moultan
Indus
Delhi
RADJPOUTANA
(Et Vl)
Jeypore
Pays
D'ADJEMIR
(Angl.)
Ahmedabad

PROVINCES DU NORD-OUEST
(Angl.)
AOUDE
(Angl.)
LUCKNOW
Cawnpore
Allahabad
BENARES
Patna
AGENCE DE L'INDE CENTLE
(Et Vl)

NEPAUL
(Indt)
Katmandou
Brahmapoutre
Lhassa
Chigatsé
Yang-tsé
SIKKIM
Ya-toung
BOUTAN
(Indt)
Brahmapoutre
ASSAM
Gange

PRÉSIDENCE DU BENGALE (Angl.)
(F) Chandernagor
CALCUTTA

GUZERATE
(Angl)
Baroda
Diu (P)
Daman (P)
PRÉSID
BERAR
(Angl.)
Nagpour
PROVINCES CENTRALES
(Angl.)
DE HAÏDERABAD
(Et Vl)
HAÏDERABAD
PRÉSIDENCE DE MADRAS

GOLFE DU BENGALE
Vizigapatam
Yanaon
(F)

MER D'OMAN
L. Salsette
BOMBAY
BOMBAY
(Angl.)
GOA
(P)
GOA
(P)
MYSORE
(Et Vl)
Bangalore
Mahé
(F)
Calicut
Cochin
PRÉSIDENCE (Angl.)
MADRAS
Pondichéry
(F)
Karikal
(F)
Trincomali
CEYLAN
(Angl.)
Colombo
Pointe de Galle

(Angl.) à l'Angleterre
(Et Vl) État Vassal
(Indt) Indépendant
(P) au Portugal
(F) à la France

Echelle
100 0 100 200 300 400 K

Cachemir
Pl du Afghanistan
Chèvres
Kachmir
Amritsar
Plateau du Thibet
Hardwar
Col du Gange
Brahmapoutre
Chameaux
Désert de Thurr
Cawnpore
Indigo
Thé
Jute
Opium
Pl de Malva
Coton
Riz
Houille
Calcutta
Bombay
Dekan
Moultans
Poivre
Riz
Quinquina
Diamant
Madras
Calicut
Tabac
Pondichéry
Thé
Colombo
Pointe de Galle

MASSON et Cie, éditeurs.
SIEURIN, del.

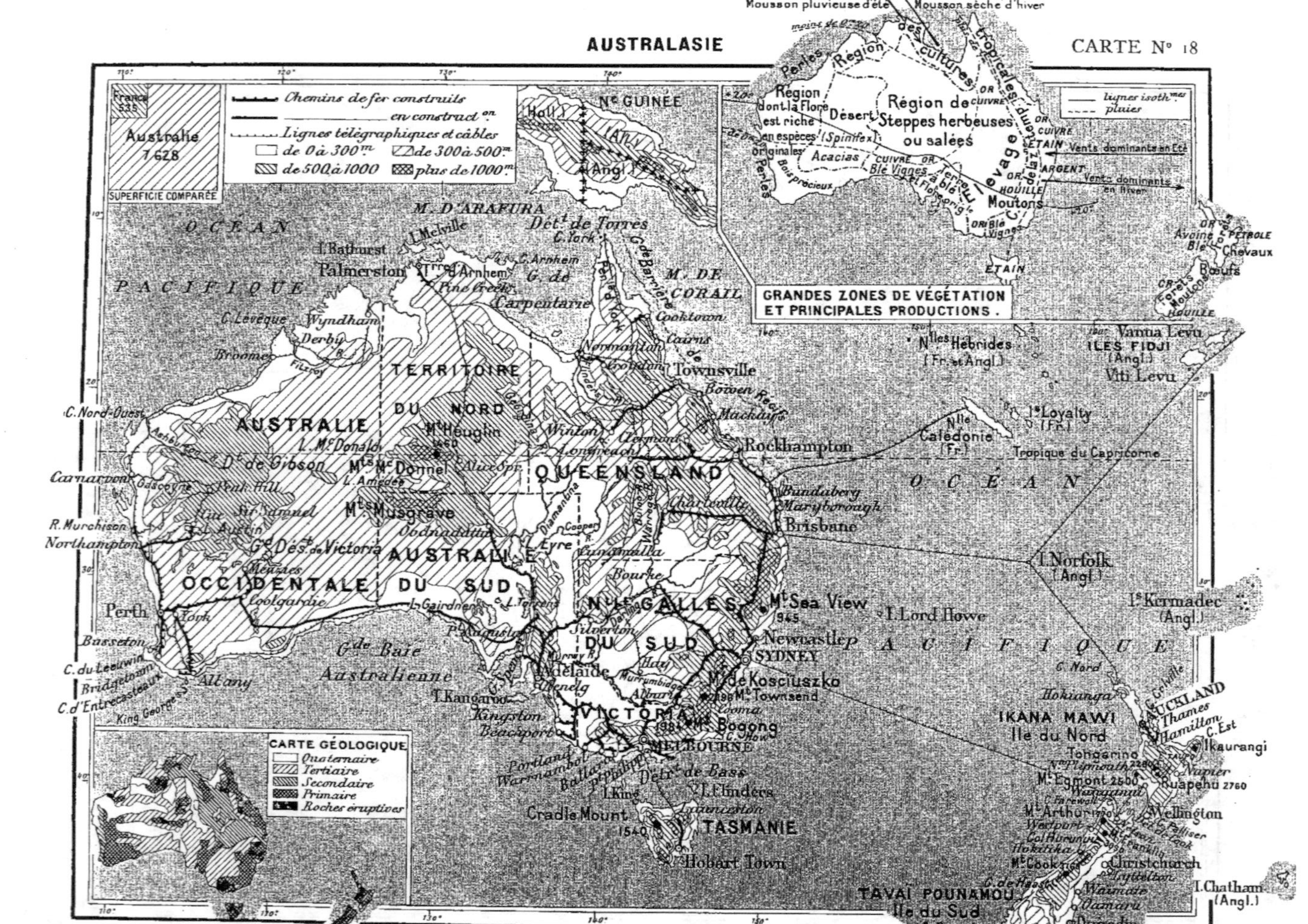

AUSTRALASIE
CARTE N° 18
Mousson pluvieuse d'été
Mousson sèche d'hiver
Chemins de fer construits
en construction
Lignes télégraphiques et câbles
de 0 à 300 m.
de 300 à 500 m.
de 500 à 1000
plus de 1000 m.
SUPERFICIE COMPARÉE
France 535
Australie 7.628
lignes isothermes
pluies
Vents dominants en Été
Vents dominants en hiver
GRANDES ZONES DE VÉGÉTATION ET PRINCIPALES PRODUCTIONS.
Région des cultures tropicales
Région de Perles
Région dont la Flore est riche en espèces originales
Désert (Spinifex)
Région de Steppes herbeuses ou salées
Acacias
Bois précieux
Blé Vignes à blé
OR
CUIVRE
ÉTAIN
ARGENT
HOUILLE
Moutons
Chevaux
Bœufs
Avoine
Blé
PÉTROLE
CARTE GÉOLOGIQUE
Quaternaire
Tertiaire
Secondaire
Primaire
Roches éruptives
OCÉAN PACIFIQUE
OCÉAN PACIFIQUE
M. D'ARAFURA
M. DE CORAIL
Nelle GUINÉE
(Holl.)
(Angl.)
C. Nord-Ouest
C. Lévêque
Broome
Wyndham
Derby
Fitzroy R.
I. Bathurst
Palmerston
Melville
Terre d'Arnhem
Pine Creek
C. Arnhem
G. de Carpentarie
Dét. de Torres
C. York
Cooktown
Cairns
Normanton
Townsville
Bowen Reef
Mackay
Rockhampton
Bundaberg
Maryborough
Brisbane
TERRITOIRE DU NORD
Mt Heuglin
L. McDonald
Dt de Gibson
Mts McDonnel
L. Amadeus
Mt Musgrave
Oodnadatta
L. Eyre
Diamantina
Cooper
Charleville
Cunnamulla
Bourke
QUEENSLAND
AUSTRALIE OCCIDENTALE
Carnarvon
Gascoyne
R. Murchison
Northampton
Mt Samuel
L. Austin
Peak Hill
Menzies
Coolgardie
L. Gairdner
Gde Des. de Victoria
AUSTRALIE DU SUD
NLLE GALLES DU SUD
Perth
York
Basselton
C. du Leeuwin
Bridgetown
C. d'Entrecasteaux
Albany
King George
Gde Baie Australienne
Kingston
Beachport
Adelaide
Glenelg
Murray
Murrumbidgee
Albury
Silverton
Hay
I. Kangaroo
Mt Sea View
945
I. Lord Howe
Newcastle
SYDNEY
Mt de Kosciuszko
Mt Townsend
VICTORIA
Mt Bogong
MELBOURNE
Portland
Warrnambool
Ballarat
Geelong
Dét. de Bass
I. Flinders
I. King
Cradle Mount
1540
TASMANIE
Hobart Town
Tropique du Capricorne
OCÉAN
Nlles Hébrides
(Fr. et Angl.)
Nlle Calédonie
(Fr.)
I. Loyalty
(Fr.)
Vanua Levu
ILES FIDJI
(Angl.)
Viti Levu
I. Norfolk
(Angl.)
I. Kermadec
(Angl.)
PACIFIQUE
C. Nord
Hokianga
AUCKLAND
Thames
Hamilton
C. Est
Ikaurangi
IKANA MAWI
Ile du Nord
Tongariro
New Plymouth
Mt Egmont 2500
Wanganui
Napier
Ruapehu 2760
Mt Arthur
Westport
Col Aurunui
Hokitika
Mt Cook
TAVAÏ POUNAMOU
Ile du Sud
C. de Hoag
C. Providence
Farewell
Nelson
Christchurch
Lyttelton
Waimate
Oamaru
Wellington
Palliser
Dunedin
I. Chatham
(Angl.)

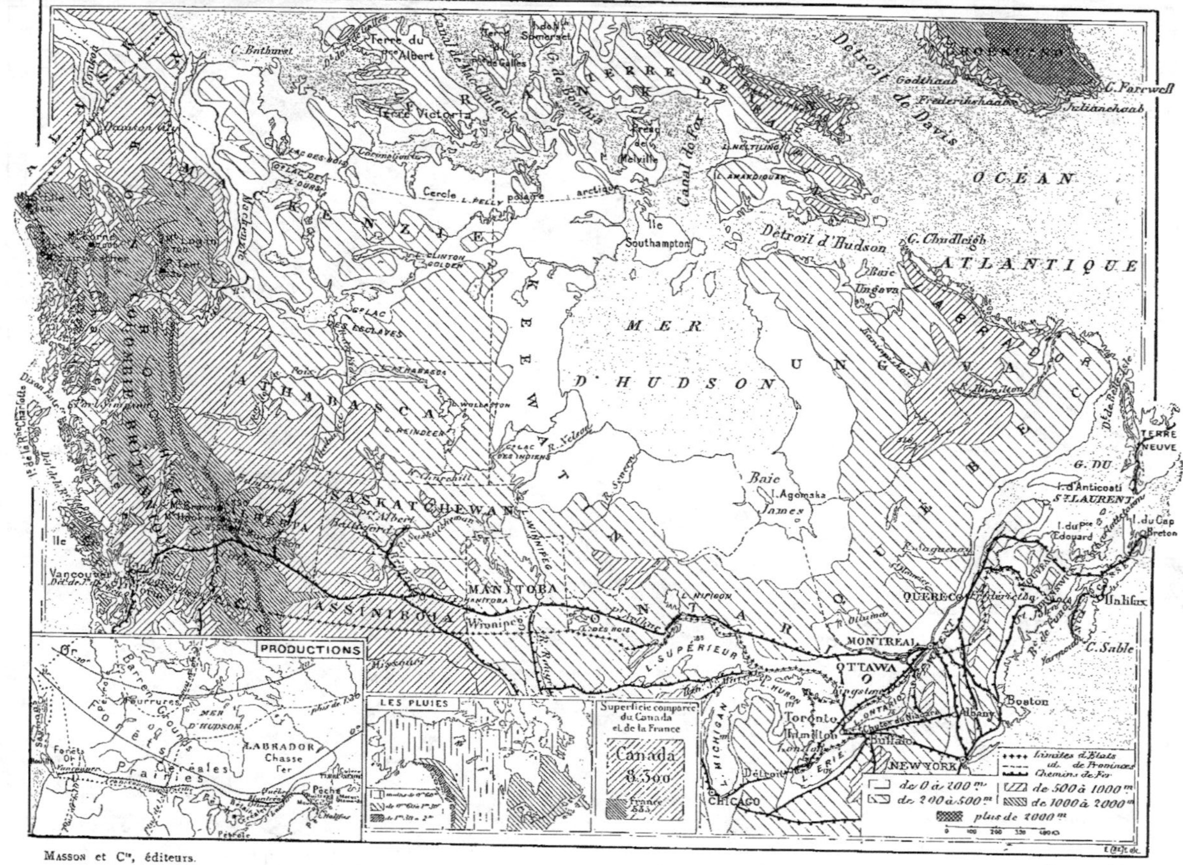

Masson et Cⁱᵉ, éditeurs.

Sieurin, del.

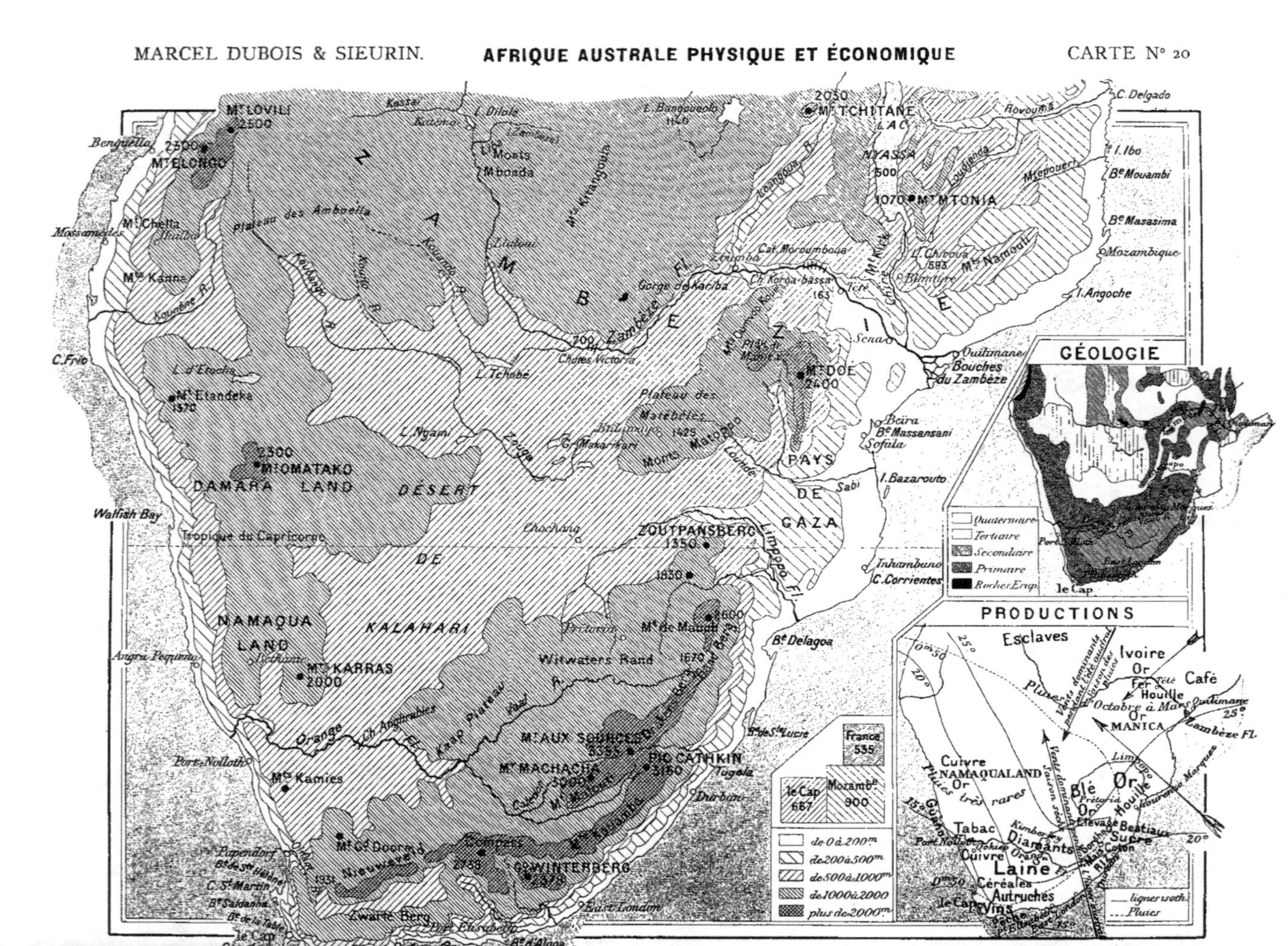
GÉOLOGIE
Quaternaire
Tertiaire
Secondaire
Primaire
Roches Érup.
le Cap
PRODUCTIONS
Esclaves
Ivoire
Or
Fer
Houille
Café
Or
MANICA
Cuivre
NAMAQUALAND
Or
Blé
Or
Houille
Tabac
Diamants
Cuivre
Laine
Céréales
Autruches
le Cap
Vins
Pluies très rares
Élevage Bestiaux
Sucre
Coton
France 535
le Cap 667
Mozamb. 900
de 0 à 200m
de 200 à 500m
de 500 à 1000m
de 1000 à 2000
plus de 2000m
lignes isoth.
Pluies
Benguella
Mt LOVILI 2500
2300 Mt ELONGO
Mt Chella
Mossamedes
Mts Kanna
C. Frio
L. d'Etocha
Mt Etandeka 1370
2300 Mt OMATAKO
DAMARA LAND
Walfish Bay
Tropique du Capricorne
NAMAQUA LAND
KALAHARI
DESERT
DE
Angra Pequena
Mts KARRAS 2000
Port Nolloth
Mts Kamies
Mt Gd Doorn
Papendorf
C. St Martin
Bie Ste Hélène
Be Saldanha
Be de la Table
le Cap
Zwarte Berg
WINTERBERG
East London
Port Elizabeth
Be d'Algoa
plateau des Ambaella
Z
A
M
B
E
Z
I
E
Kassai
L. Dilolo
L. Moata
Mbonda
Mts Kirangouio
Lichubi
Zambeze Fl.
Chutes Victoria
L. Tchobe
L. Ngami
G. Makarikari
Chochong
ZOUTPANSBERG 1350
1830
Pretoria
Mt de Maund 3600
Witwaters Rand 1670
Mts AUX SOURCES 3355
Mt MACHACHA 3000
PIC CATHKIN 3160
Orange
Plateau des Matebeles
Bulawayo 1425
Monts Matoppo
PAYS DE GAZA
Limpopo Fl.
2050 Mt TCHITANE
L. Bangoueolo
L. AC
NYASSA 1500
1070 Mt MTONIA
L. Chirova 1593
Mts Namouli
Mt DOE 2400
Ch. Kebra-bassa
Tete
Sena
Quitimane
Bouches du Zambèze
Beira
Be Massensani
Sofala
I. Bazarouto
Sabi
Inhambano
C. Corrientes
Be Delagoa
Be de Ste Lucie
Togela
Durban
C. Delgado
Rovouma
I. Ibo
Be Mouambi
Be Masasima
Mozambique
I. Angoche
Mtepouer
le Cap

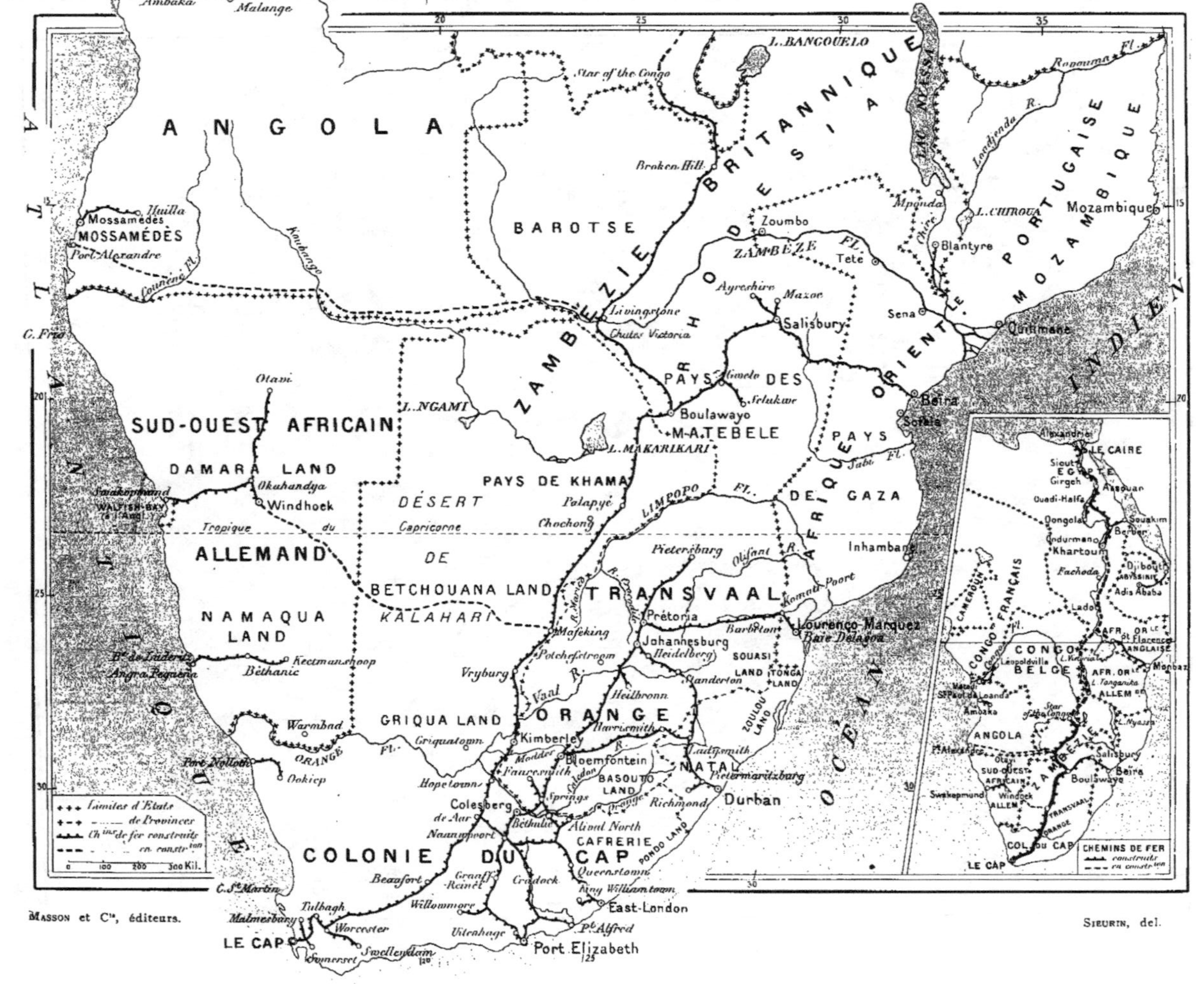

ANGOLA
Ambaka
Malange
Star of the Congo
Huilla
Mossamédes
MOSSAMÉDES
Port Alexandre
Cunène Fl.
Kubango
G. Frio
SUD-OUEST AFRICAIN
DAMARA LAND
Otavi
Okuhandya
Windhoek
DÉSERT
Tropique du Capricorne
ALLEMAND
DE
NAMAQUA LAND
Swakopmund
WALFISH-BAY
Bte de Lüderitz
Angra Pequena
Kectmanshoop
Béthanic
BAROTSE
ZAMBÈZE
L. NGAMI
L. MAKARIKARI
RHODÉSIA BRITANNIQUE
Broken Hill
L. BANGOUELO
Zoumbo
ZAMBÈZE FL.
Tete
Livingstone
Ayreshire
Mazoe
Chutes Victoria
Salisbury
PAYS DES
Gwelo
Selukwe
Boulawayo
M-ATEBELE
PAYS DE KHAMA
Palapye
Chochong
LIMPOPO FL.
PAYS
DE GAZA
Sabi Fl.
AFRIQUE ORIENTALE
Mpanda
L. CHIROUA
PORTUGAISE
Mozambique
MOZAMBIQUE
Blantyre
LAC NYASSA
Rovouma Fl.
Londjenda R.
Sena
Quilimane
Beira
Sofala
OCÉAN INDIEN
BETCHOUANA LAND
KALAHARI
Mafeking
Vryburg
Potchefstroom
TRANSVAAL
Pietersburg
Olifant R.
Prétoria
Johannesburg
Heidelberg
Barberton
Komati Poort
Lourenço Marquez
Baie Delagoa
Inhambane
SOUASI LAND
TONGA LAND
Standerton
ZOULOU LAND
Warmbad
GRIQUA LAND
ORANGE
Vaal R.
Heilbronn
Harrismith
Griquatown
Kimberley
Modder R.
Bloemfontein
Faurersmith
BASOUTO LAND
Ladysmith
Pietermaritzburg
NATAL
Richmond
Durban
ORANGE Fl.
Hopetown
Ookiep
Port Nolloth
Colesberg
de Aar
Naauwpoort
Bethulie
Aliwal North
PONDO LAND
OCÉAN
COLONIE DU CAP
CAFRERIE
Queenstown
Beaufort
Graaff-Reinet
Cradock
King William town
East-London
C. St Martin
Tulbagh
Malmesbury
Worcester
Willowmore
Uitenhage
Swellendam
Somerset
LE CAP
Pt Alfred
Port Elizabeth
ATLANTIQUE
Limites d'États
de Provinces
Chins de fer construits
en constrion
0   100   200   300 Kil.
MASSON et Cie, éditeurs.
SIEURIN, del.
LE CAIRE
ÉGYPTE
Siout
Girgeh
Ouadi-Halfa
Dongola
Assouan
Souakim
Berber
Ourdurman
Khartoum
Fachoda
Djibouti
ABYSSINIE
Adis Ababa
Lado
CAMEROUN
CONGO FRANÇAIS
CONGO BELGE
Léopoldville
AFR. OR. ANGLAISE
AFR. OR. ALLEM.
Monbaz
Tanganika
L. Nyassa
SFP et de Loanda
Amaka
Star of the Congo
ANGOLA
ZAMBÈZE
SUD-OUEST AFRICAIN
Swakopmund
Windhoek
TRANSVAAL
ORANGE
Salisbury
Boulawaye
Beira
COL DU CAP
LE CAP
CHEMINS DE FER
construits
en constrion

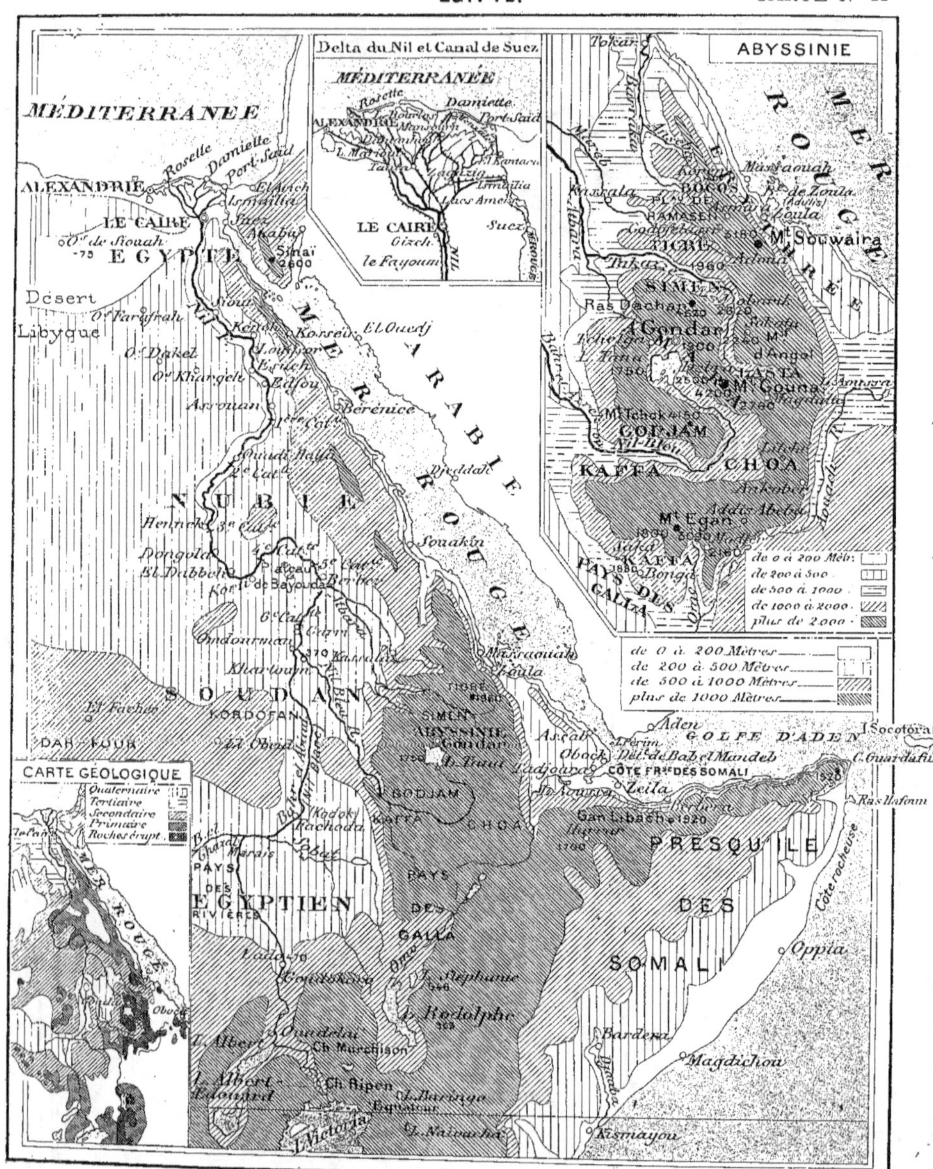
Delta du Nil et Canal de Suez
ABYSSINIE
MÉDITERRANÉE
MÉDITERRANÉE
ALEXANDRIE
Rosette
Damiette
Port-Saïd
LE CAIRE
Gizeh
le Fayoum
Suez
ALEXANDRIE
LE CAIRE
EGYPTE
O. de Siouah
Désert
Libyque
O. Farafrah
O. Dakel
O. Khargeh
Assouan
Korseur
El Ouedj
Kénah
Louqsor
Esneh
Edfou
Bérénice
Djeddah
NUBIE
Henneke
Dongola
El Dabbeh
Souakin
Khartoum
SOUDAN
KORDOFAN
El Obeid
El Facher
DAR-FOUR
Omdourman
MER ARABIE
MER ROUGE
MER ROUGE
TIGRE
SIMEN
Gondar
L. Tana
GODJAM
Nil-Bleu
KAFFA
CHOA
Ankober
Addis Abeba
PAYS DES GALLA
Bonga
M. Souwaïra
Massaouah
I. de Zoula
Zoula
Keren
Kassala
Toka
ABYSSINIE
Gondar
L. Tana
Massaouah
Zoula
Ascati
Obock
Ladjourah
Zeila
CÔTE FRᵉ DES SOMALI
Aden
GOLFE D'ADEN
Dét. de Bab el Mandeb
I. Socotora
C. Guardafui
Ras Hafoun
PRESQU'ILE DES SOMALI
Oppia
Bardera
Magdichou
Kismayou
BODJAM
KAFFA
CHOA
PAYS DES GALLA
RIVIERES
PAYS DES RIVIERES
EGYPTIEN
Ladjo
L. Stéphanie
L. Rodolphe
L. Albert
Ch. Murchison
L. Albert-Edouard
Ch. Ripon
L. Baringo
Equateur
L. Victoria
L. Naivacha
CARTE GÉOLOGIQUE
Quaternaire
Tertiaire
Secondaire
Primaire
Roches érupt.
MER ROUGE
Obock
de 0 à 200 Mèt.
de 200 à 500
de 500 à 1000
de 1000 à 2000
plus de 2000
de 0 à 200 Mètres
de 200 à 500 Mètres
de 500 à 1000 Mètres
plus de 1000 Mètres

PAYS-BAS ET BELGIQUE
(CARTE PHYSIQUE ET CARTE ÉCONOMIQUE)

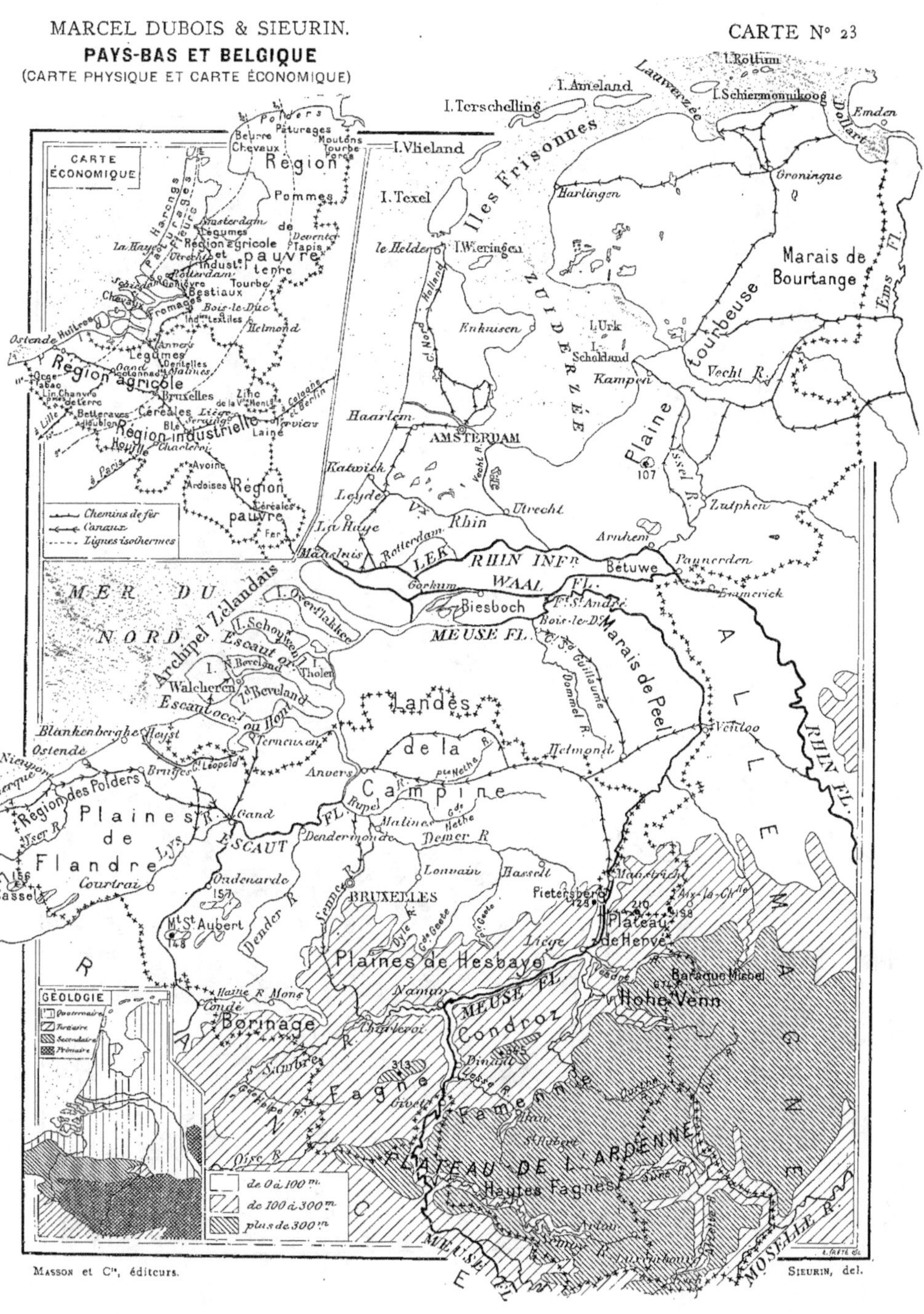

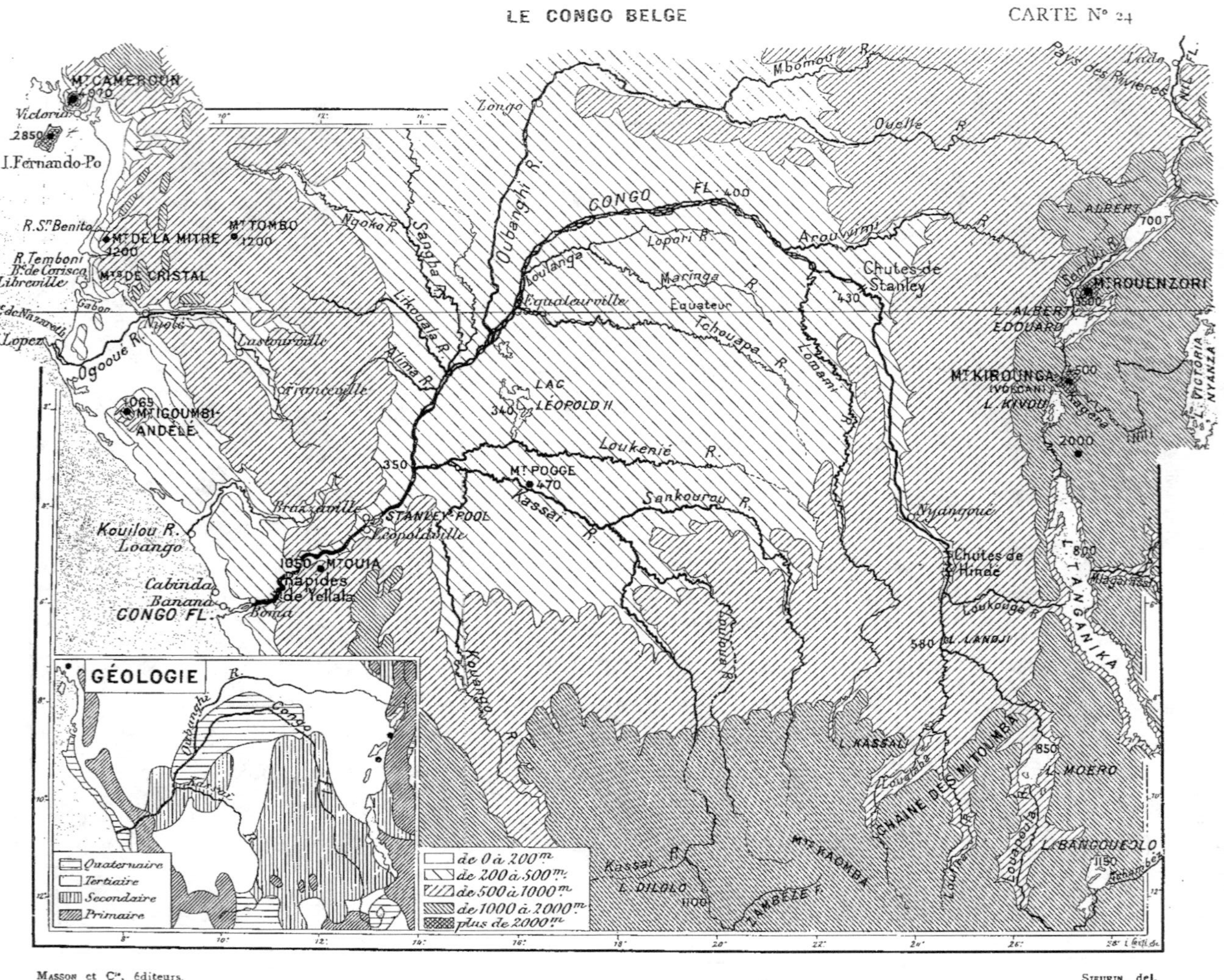

CARTE N° 24
LE CONGO BELGE
M¹ CAMEROUN
Victoria
2850ᵐ
I. Fernando-Po
R. S¹ Benito
R. Temboni
B¹ de Corisco
Libreville
B¹ de Mondah
C. Lopez
Ogooué R.
M¹ DE LA MITRE
1200
M¹ TOMBO
1200
M¹³ DE CRISTAL
Loango
Kouilou R.
M¹ TGOUMBI-ANDÉLÉ
1065
Cabinda
Banana
CONGO FL.
Bouta
rapides de Yellala
1050
M'POUA
STANLEY-POOL
Léopoldville
350
Ngoko R.
Sangha R.
Likouala R.
Nlima R.
Oubanghi R.
Longo R.
CONGO
FL. 400
Coango
Boueki
Maringa R.
Lopori R.
LAC LÉOPOLD II
340
LAC
Equateur
Coquilhatville
Tchouapa R.
M¹ POGGE
470
Yassai
Loukenie R.
Sankourou R.
Louloua R.
Kouango
L. DILOLO
1400
Kasaï R.
Lulua R.
L. BANGOUÉOLO
1150
MOERO
850
L. TANGANIKA
CHAÎNE DES MITOUMBA
M¹ RAOUSSA
ZAMBÈZE R.
Lingola R.
Loualaba R.
Loukouga R.
Landou R.
580
Chutes de Hinde
M¹ ROUENZORI
M¹ KIROUNGA
L. KIVOU
Karyena
L. ALBERT-EDOUARD
L. ALBERT
700
Semliki
Nyanzoue
L. VICTORIA-NYANZA
NIL
Pays des Pygmées
M'bomou R.
Ouelle R.
M'bali R.
Arouwimi R.
Chutes de Stanley
430
Lomami R.
GÉOLOGIE
Congo
Oubanghi
Quaternaire
Tertiaire
Secondaire
Primaire
de 0 à 200ᵐ
de 200 à 500ᵐ
de 500 à 1000ᵐ
de 1000 à 2000ᵐ
plus de 2000ᵐ
Masson et Cⁱᵉ, éditeurs.
Sieurin, del.

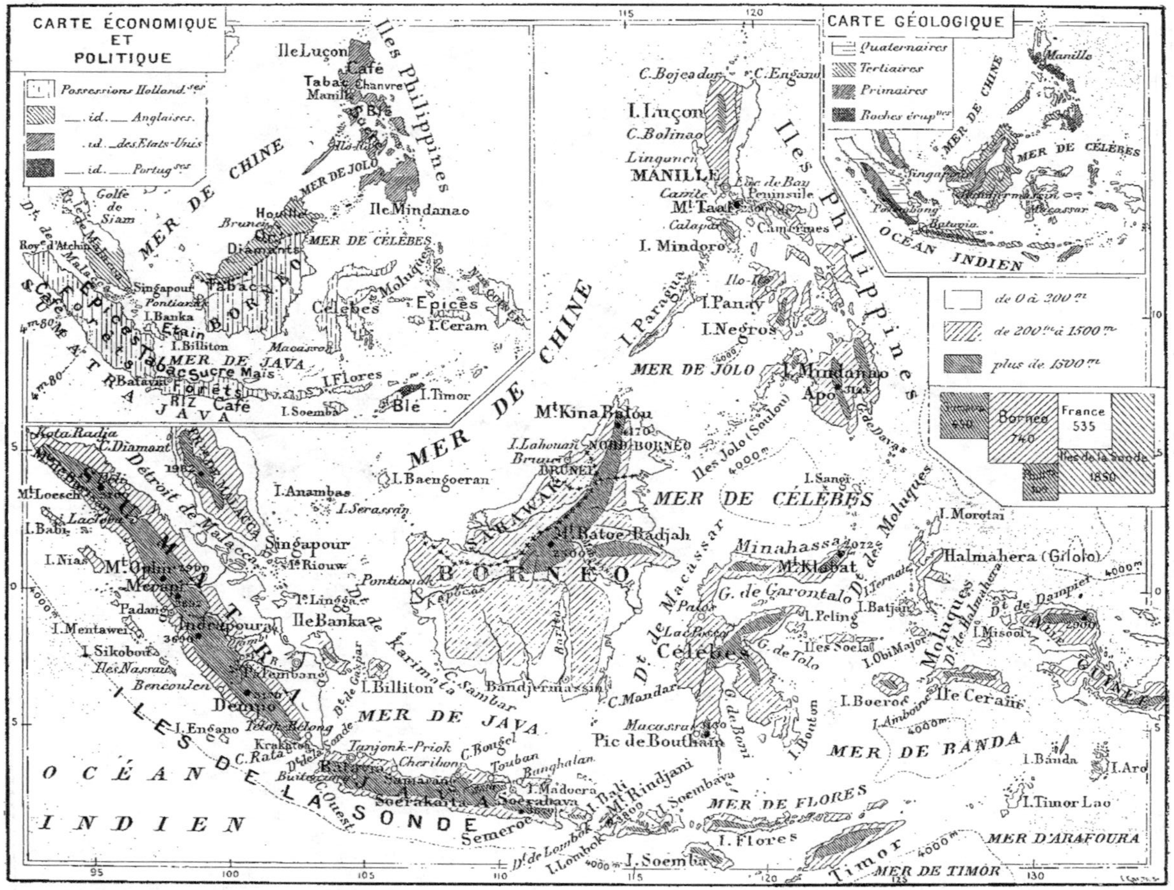

CARTE ÉCONOMIQUE ET POLITIQUE

Possessions Holland.ses
id. Anglaises.
id. des États-Unis
id. Portug.ses

CARTE GÉOLOGIQUE

Quaternaires
Tertiaires
Primaires
Roches érup.ves

de 0 à 200 m
de 200 m à 1500 m
plus de 1500 m

Sumatra 630
Bornéo 740
France 535
Iles de la Sonde 1850
Java 130

Ile Luçon
Iles Philippines
Café
Tabac
Manille
Chanvre
Riz
Ilo-Ilo
MER DE JOLO
Houlle
Brunei
Or
Diamants
MER DE CÉLÈBES
Ile Mindanao
Golfe de Siam
Roy. d'Atchin
Dt. de Malacca
Singapour
Pontianak
I. Banka
Étain
I. Billiton
Macassar
Café
Tabac
Sucre
Mais
Forêts
Riz
Café
Blé
MER DE JAVA
JAVA
Batavia
I. Flores
I. Timor
I. Soemba
Celèbes
Moluques
Épices
I. Ceram

MER DE CHINE

I. Luçon
C. Bojeador
C. Engaño
C. Bolinao
Linguen
MANILLE
Camite
Peninsule
Mt. Taal
Calapa
Cavetrnes
Elot de Bay
I. Mindoro
Ilo-Ilo
I. Paragua
I. Panay
I. Negros
MER DE JOLO
I. Mindanao
Apo
Iles Jolo (Soulou)
Iles Philippines
OCÉAN INDIEN
Singapour
Banjermassin
Batavia
Macassar
MER DE CÉLÈBES
Manille
MER DE CHINE

Mt. Kina Balou
NORD BORNÉO
I. Lahouan
Brunei
BRUNEI
SARAWAK
BORNEO
Mt. Batoe Radjah
I. Baengoeran
I. Anambas
I. Serassan
Singapour
I. Riouw
Pontianak
Kapoeas
I. Lingga
Ile Banka
C. Sambar
Karimata
I. Billiton
Dt. de Gaspar
Bandjermassin
C. Mandar
MER DE CÉLÈBES
I. Sangi
I. Morotai
Minahassa
Mt. Klabat
G. de Garontalo
Dt. de Ternate
I. Ternate
I. Peling
I. Batjan
Halmahera (Gilolo)
Dt. de Macassar
Dt. de Palos
Lac Posso
Iles Soelal
I. Obi Major
Celèbes
G. de Tolo
Moluques
Dt. de Halmahera
Dt. de Dampier
I. Misool
I. Boeroe
Ile Ceraii
I. Amboine
NVLLE GUINÉE
Macassar
Pic de Bouthain
G. de Boni
I. Bonton
MER DE BANDA
I. Banda
I. Aro

Kota Radja
C. Diamant
Mt. Loescr
I. Lac
I. Babi
I. Nias
Mt. Ophir
Merapi
Padang
I. Mentawei
I. Sikoboi
Iles Nassau
Bencoulen
Dempo
I. Engano
Krakatoa
C. Rata
SUMATRA
Détroit de Malacca
Palembang
Djambi
Telok Betong
Tanjonk-Priok
Cheribon
C. Bougel
Touban
Banghalan
I. Madoera
Soerakarta
Soerabaya
I. Bali
Mt. Rindjani
I. Lombok
I. Soembawa
Semeroe
Dt. de Lombok
I. Soemba
MER DE JAVA
ILES DE LA SONDE
OCÉAN INDIEN
MER DE FLORES
I. Flores
Timor
MER DE TIMOR
I. Timor Lao
MER D'ARAFOURA

de 0 à 100m.
de 100 à 300m.
de 300 à 500m.
au-dessus de 500m.
DANEMARK
Embouchure de l'Elbe
MER DU NORD
MER BALTIQUE
Arch. d'Ost-Frise
Borkum
Wilhelmshaven
Bremerhaven
Hambourg
Brême
Landes
Lunebourg
Région lacustre
MECKLEMBOURG
Stettin
POMÉRANIE
HOLLANDE
Helgoland
SCHLESWIG
G. de Schleswig
Kiel
B. de Lubeck
Lubeck
I. Alsen
I. Felmarn
I. Rugen
I. Usedom
I. Wollin
Samland
Königsberg
B. de Dantzig
Memel
Niémen R.
prégel R.
Thurmberg
Hauteurs Lacustres
Vistule
Netze R.
Elbe Fl.
Weser Fl.
Aller R.
Ems Fl.
Lippe R.
Ruhr
Cologne
Düsseldorf
Emmerich
Wesel
BRANDEBOURG
Spandau
Berlin
Brandenbourg
Magdebourg
Custrin
Francfort
Warta R.
Posen
Oder Fl.
SILÉSIE
Breslau
Oppeln
Tarnowitz
Grünberg
Minden
Teutoburger Wald
Mt Brocken
Harz
Plateau de Thuringe
Halle
Leipzig
Torgau
Dresde
Flæming
AUTRICHE-HONGRIE
BOHÊME
Boehmer Wald
Fichtel Gebirge
Westerwald
Eifel
Coblenz
Lahn
Taunus
Rhin
Francfort
Mayence
Main R.
Hunsruck
Donnersberg
Oden Wald
Hardt
Vosges
Mosel
Sarrebrück
Trèves
FRANCE
BELGIQUE
SUISSE
L. de Constance
Feldberg
Forêt Noire
Schwarz Wald
Jura Souabe
Rauhe Alp
Stuttgart
Danube
Augsbourg
Munich
Plateau Bavarois
Régime des pluies en Allemagne.
moins de 40 cent.
de 40 à 55.
de 55 à 70.
de 70 à 85.
Plus de 85. par an
ALLEMAGNE GÉOLOGIQUE
Terrains quaternaires
Terrains tertiaires
Terrains secondaires
Ter. primaires et primitifs
Roches volcaniques
Berg .... Montagne
Boehmer Wald ...... Fêt de Bohême
Donnersberg ...... Mt du Tonnerre
Erz Gebirge ...... Mts des Métaux
Franken Wald ...... Fêt de Franconie
Fichtel Gebirge ...... Mte des Pins
Gebirge .... Chne de Montagnes
Hafen .... Port
Haff .... Golfe
Heide .... Lande
Hunsruck .... Dos de Chien
Rauhe-Alp .... Apre-Mont
Riesen Gebirge ...... Mts des Géants
Rothhaar .... Cheveux Rouges
Schneeberg .... Mt des Neiges
Schwarz wald ...... Forêt Noire
Schneekoppe ...... Coupole de Neige
See .... Lac
Spessart .... Fêt de l'Epervier
Thal .... Vallée
Thuringer Wald ...... Fêt de Thuringe
Thurmberg .... Mt de Tour
Vogelsberg .... Mt des Oiseaux
Wald .... Forêt
Wester Wald ...... Fêt de l'Ouest

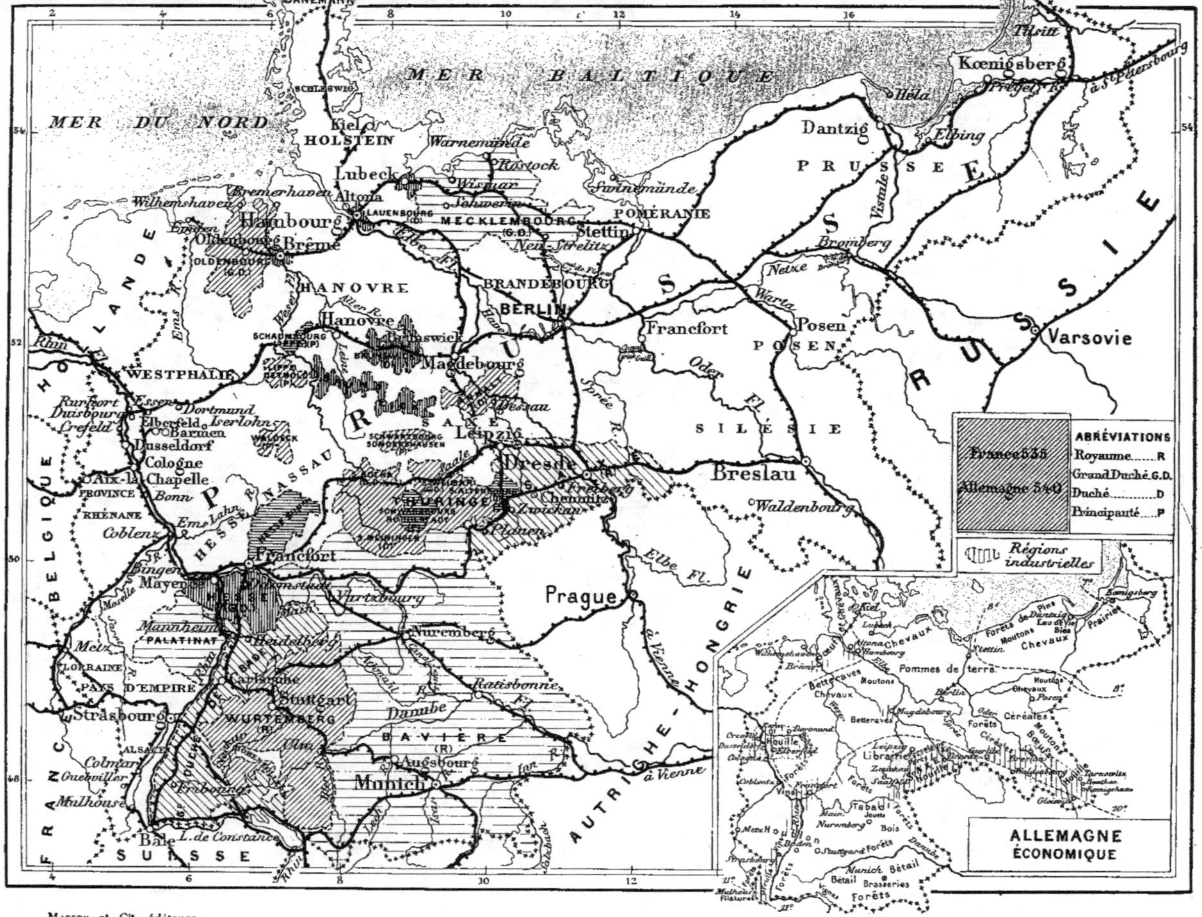

ALLEMAGNE ÉCONOMIQUE

MER BALTIQUE

MER DU NORD

SCHLESWIG
HOLSTEIN
Kiel
Lubeck
Bremerhaven Altona
Wilhemshaven
Emden
Oldenbourg Brême
OLDENBOURG (G.D.)
Hambourg
Warnemünde
Rostock
Wismar
Schwerin
Swinemünde
MECKLEMBOURG (G.D.)
Neu-Strelitz
POMÉRANIE
Stettin
Bromberg
Dantzig
Hela
Elbing
Tilsitt
Koenigsberg
Pregel Fl.
à St Pétersbourg
PRUSSE
Vistule Fl.

HANOVRE
LAUENBOURG (D.)
BRANDEBOURG
BERLIN
Hanovre
Brunswick
SCHAUMBOURG (P.)
Magdebourg
Dessau
Francfort
Netze
Warta
Posen
POSEN
Varsovie
Oder Fl.
SILÉSIE
Breslau
Waldenbourg

WESTPHALIE
Rurhfort
Duisbourg
Crefeld
Essen
Dortmund
Elberfeld Iverlohn
Barmen
WALDECK
Dusseldorf
Cologne
Aix-la-Chapelle
PROVINCE
RHÉNANE
Bonn
Coblenz
Ems Lahn
SCHWARZBOURG
SONDERSHAUSEN
SALE
Leipzig
Dresde
Chemnitz
Freiberg
Zwickau
Plauen
THURINGE
SCHWARZBOURG
RODOLSTADT
R U S S E

NASSAU
HESSE
Francfort
Bingen
Mayen
Moselle
Metz
LORRAINE
PAYS D'EMPIRE
ALSACE
Strasbourg
Colmar
Guebwiller
Mulhouse
Bâle L. de Constance
SUISSE
Rhin Fl.

Mannheim
PALATINAT
Darmstadt
Heidelberg
Carlsruhe
DUCHÉ DE BADE
Stuttgart
WURTEMBERG (R)
Ulm
Fribourg
Wurtzbourg
Nuremberg
Ratisbonne
Danube
BAVIÈRE (R)
Augsbourg
Munich
à Vienne
Prague
Elbe Fl.
AUTRICHE-HONGRIE

HOLLANDE
BELGIQUE
FRANCE

MASSON et Cie, éditeurs.

SIEURIN, del.

ABRÉVIATIONS
France 535
Allemagne 549
Royaume .... R
Grand Duché ...... G.D.
Duché .... D
Principauté .... P
Régions industrielles

ALLEMAGNE
ÉCONOMIQUE

Kiel
Lubeck
Altona Hambourg
Brême
Wilhemshaven
Pins
Forêts de Dantzig
Eau de Vie
Bois
Moutons
Chevaux
Koenigsberg
Prairie
Chevaux
Pommes de terre
Betteraves
Moutons
Chevaux
Berlin
Stettin
Betteraves
Moutons
Magdebourg
Forêts
Oder
Céréales
Moutons
Houille
Creuznach
Dusseldorf
Cologne
Coblentz
Francfort
Main
Tabac
Jouets
Nuremberg
Bois
Leipzig
Librairie
Zwickau
Dresde
Houille
Forêts
Goerlitz
Magdebourg
Tarnowitz
Beuthen
Koenigshütte
Glatz
Metz Houille
Strasbourg
Forêts
Mulhouse
Filatures
Munich Bétail
Bétail Brasseries
Forêts

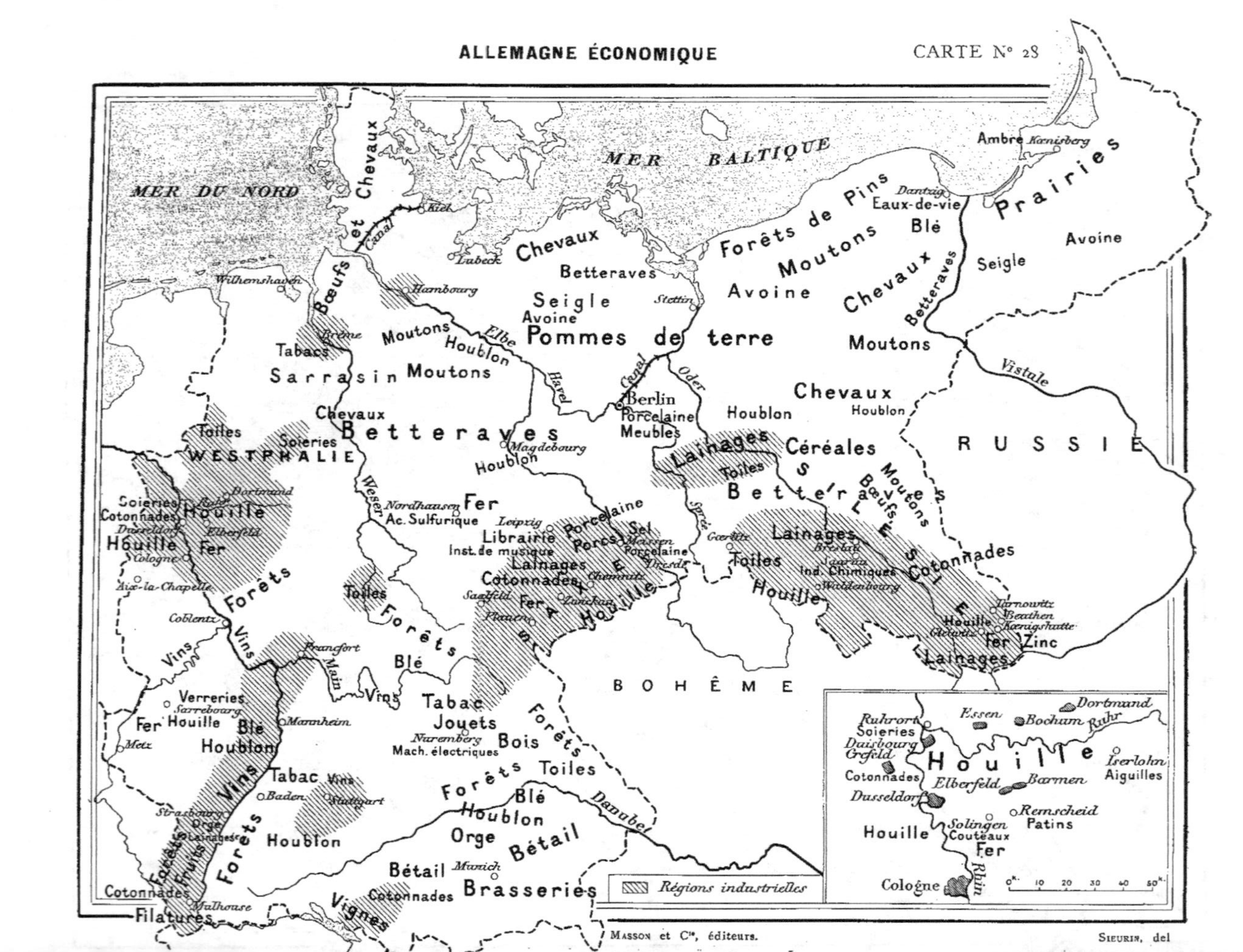

ALLEMAGNE ÉCONOMIQUE
CARTE N° 28
MER DU NORD
MER BALTIQUE
Bœufs et Chevaux
Chevaux
Kiel
Lubeck
Wilhemshaven
Brême
Hambourg
Betteraves
Seigle
Avoine
Pommes de terre
Stettin
Forêts de Pins
Eaux-de-vie
Dantzig
Blé
Moutons
Avoine
Chevaux
Betteraves
Seigle
Avoine
Ambre
Kœnisberg
Prairies
Moutons
Vistule
RUSSIE
Tabacs
Sarrasin
Moutons
Chevaux
Betteraves
WESTPHALIE
Soieries
Toiles
Houblon
Elbe
Havel
Moutons
Houblon
Berlin
Porcelaine
Meubles
Magdebourg
Houblon
Oder
Canal
Houblon
Chevaux
Houblon
Céréales
Lainages
Toiles
Betteraves
Spree
Görlitz
Moutons
Bœufs
RUSSIE
Soieries
Cotonnades
Houille
Dortmund
Elberfeld
Cologne
Houille Fer
Aix-la-Chapelle
Coblentz
Düsseldorf
Fer
Nordhausen
Ac. Sulfurique
Weser
Leipzig
Librairie
Inst. de musique
Porcelaine
Porcs
Sel
Meissen
Porcelaine
Dresde
Lainages
Cotonnades
Chemnitz
Fer
Zwickau
Plauen
Saalfeld
Saxe
Houille
Lainages
Toiles
Breslau
Ind. Chimiques
Waldenbourg
Houille
Cotonnades
Silésie
Houille
Kattowitz
Tarnowitz
Beuthen
Kœnigshütte
Fer Zinc
Lainages
Forêts
Vins
Frangfort
Main
Blé
Vins
Verreries
Sarrebourg
Fer
Houille
Metz
Blé
Houblon
Mannheim
Tabac
Jouets
Nuremberg
Mach. électriques
Bois
Forêts
BOHÊME
Forêts
Toiles
Blé
Houblon
Orge
Bétail
Danube
Tabac
Baden
Vins
Stuttgart
Strasbourg
Orge
Lainages
Forêts
Fruits
Vins
Forêts
Houblon
Bétail
Munich
Cotonnades
Brasseries
Vignes
Cotonnades
Mulhouse
Filatures
Régions industrielles
Houille
Ruhrort
Daisbourg
Crefeld
Cotonnades
Düsseldorf
Essen
Soieries
Bochum
Ruhr
Dortmand
Elberfeld
Barmen
Iserlohn
Aiguilles
Remscheid
Patins
Houille
Solingen
Couteaux
Fer
Cologne
Rhin
0 10 20 30 40 50 K.
MASSON et Cie, éditeurs.
SIEURIN, del

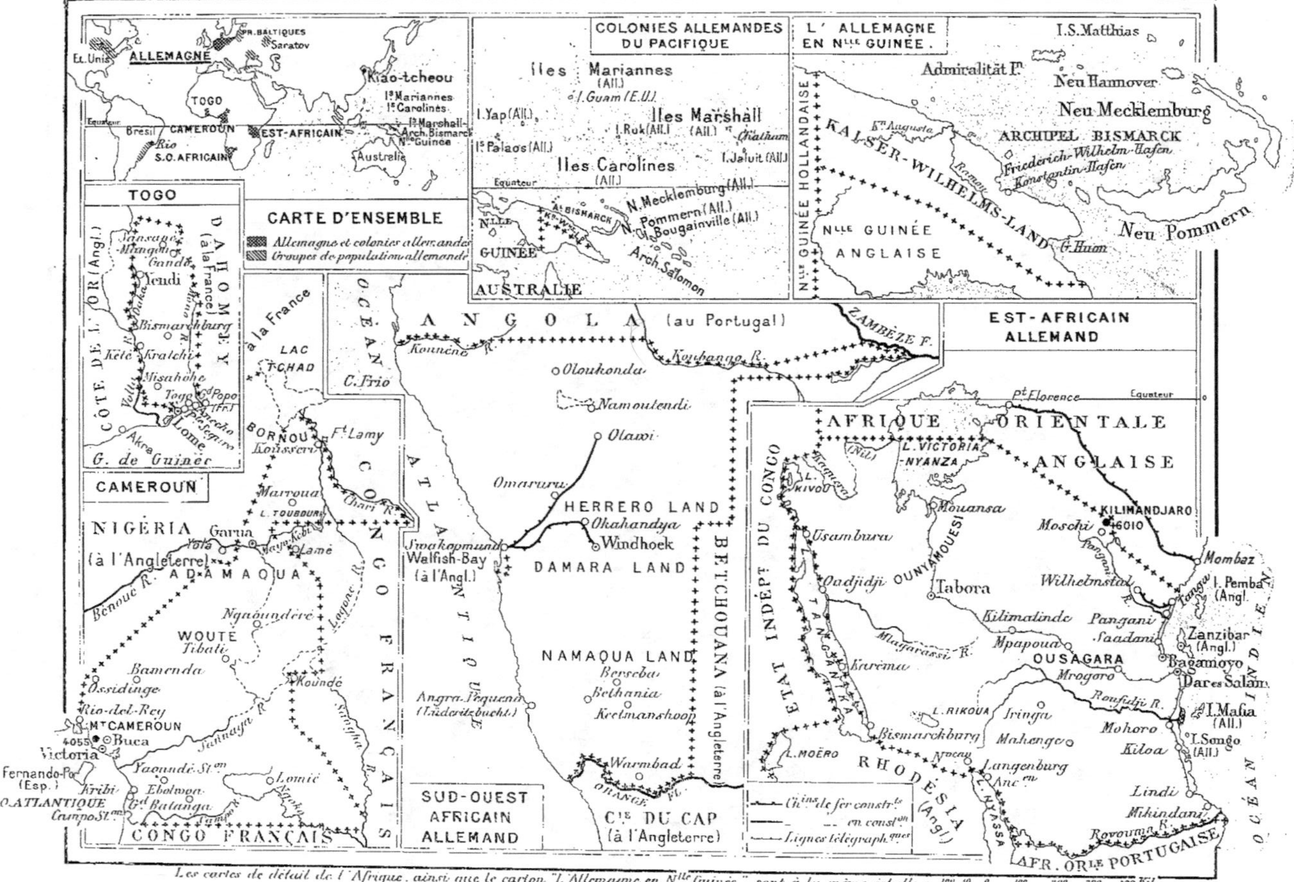

Cl. de phil. et de math.

MASSON et Cie, éditeurs.

STEURIN, del.

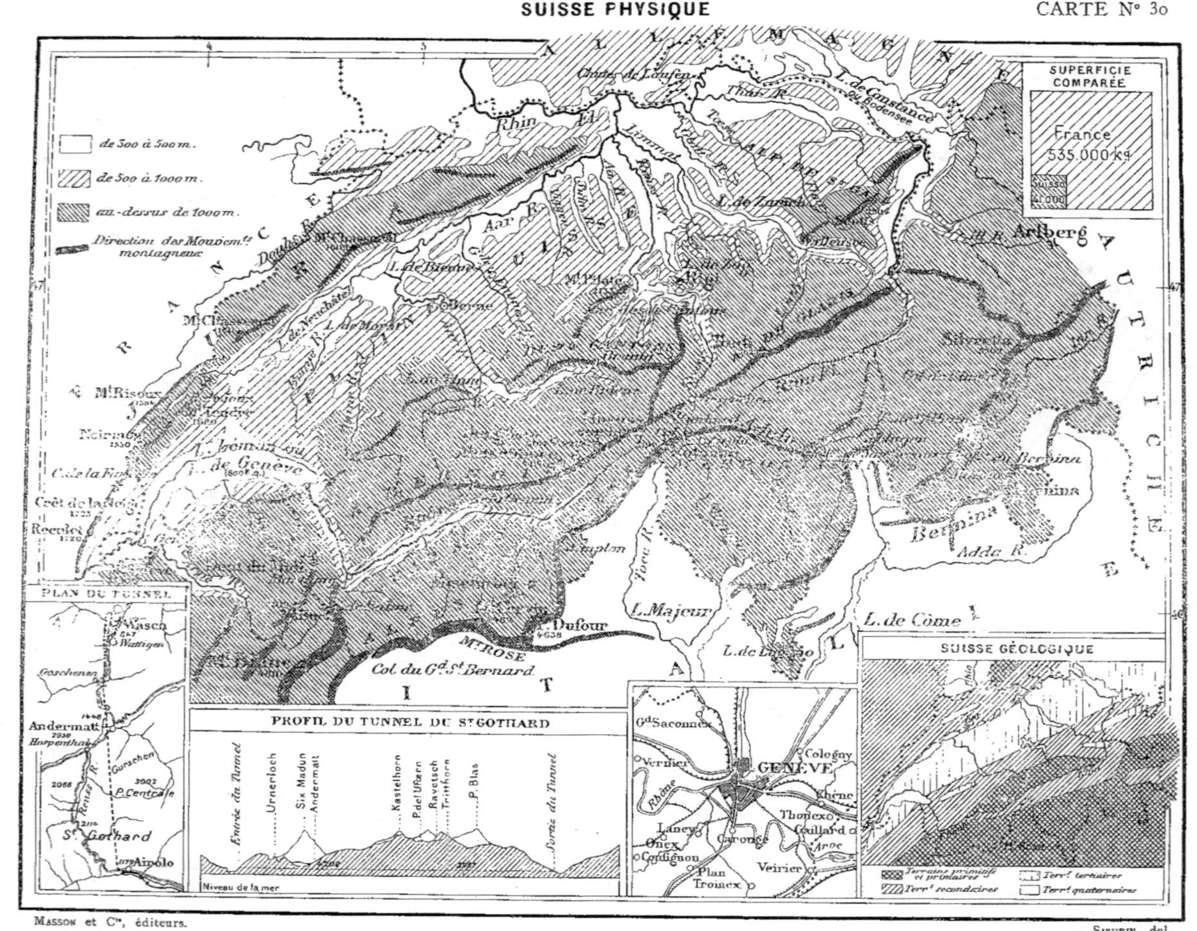
SUPERFICIE COMPARÉE
France 535.000 k9
SUISSE 41.000
de 5oo à 5oo m.
de 5oo à 1ooo m.
au-dessus de 1ooo m.
Direction des Mouvem.ts montagneux
ALLEMAGNE
FRANCE
AUTRICHE
ITALIE
Rhin
L. de Constance ou Bodensee
Chûte de Laufen
Thur R.
Limmat
Aar R.
L. de Zurich
Arlberg
L. de Bienne
L. de Neuchâtel
L. de Morat
M.t Pilate
Bernina
Adda R.
M.t Risoux
Mogoux
Noirmont
L. Léman ou de Genève
C. de la Faucille
Crêt de la Neige
Reculet
L. Majeur
L. de Lugano
L. de Côme
M.t ROSE
Dufour
Col du G.d St Bernard
PLAN DU TUNNEL
Wasen
Wattigen
Goschenen
Andermatt
Hospenthal
P. Centrale
St Gothard
Airolo
PROFIL DU TUNNEL DU St GOTHARD
Entrée du Tunnel
Urnerloch
Six Madun
Andermatt
Kastelhorn
P. del Uffarn
Ravetsch
Trithorn
P. Blas
Sortie du Tunnel
Niveau de la mer
G.d Saconnex
Vernier
Cologny
GENÈVE
Chêne
Rhône
Lancy
Onex
Confignon
Carouge
Thonex
Gaillard
Arve
Plan Troinex
Veirier
SUISSE GÉOLOGIQUE
Terrains primitifs et primaires
Terr.t secondaires
Terr.t tertiaires
Terr.t quaternaires

ALLEMAGNE
SUISSE
AUTRICHE
ITALIE
FRANCE
Bâle
Zurich
Schaffouse
Winterthur
Frauenfeld
THURGOVIE
Constance
L. de Constance
St Gall
Appenzell
ZURICH
L. de Zurich
ARGOVIE
SOLEURE
Soleure
Olten
Aarau
Belfort
Delle
Porrentruy
Delémont
Besançon
Doubs
la Chaux de Fonds
Neuchâtel
L. de Neuchâtel
Morat
FRIBOURG
Fribourg
BERNE
Lucerne
LUCERNE
L. des 4 Cantons
Stanz
Sarnen
UNTERWALDEN
SCHWYZ
URI
Altorf
GLARIS
Coire
GRISONS
Rhin Fl.
Pontarlier
Dijon
VAUD
Lausanne
Nijon
Lac Léman
Coppet
Genève
St Maurice
Rhône
Sion
VALAIS
Louèche
Brieg
Martigny
Domo d'Ossola
Airolo
TESSIN
Bellinzona
Locarno
L. Majeur
Lugano
L. de Lugano
Côme
L. de Côme
Milan
Adda R.
Interlaken
L. de Thoun
L. de Brienz
Mullhouse
Lure
SUISSE
LAC DE GENÈVE
OU LÉMAN
Lausanne
Morges
Aubonne
Rolle
Nyon
Coppet
Versoix
Genève
Rhône
St Gingolph
Vevey
Montreux
Chillon
Villeneuve
St Maurice
Rhône Fl.
FRANCE
St Louis
K. Huningen
Bourgfelden
BÂLE
Bettingen
Allschwil
BÂLE VILLE
Birsfelden
Binningen
Jacob
Brüglingen
Neue Welt
Neinwiller
Rhin
Jungfrau
Mt Tendre
Col du St Gothard
Engadine
JURA
PLAINE SUISSE
SUISSE ALPESTRE
Niveau de la mer
Coupe par le St Gothard de la Plaine suisse
et de la Suisse montueuse.
PRODUCTIONS
RÉGION INDUSTRIELLE
RÉGION AGRICOLE
Horlogerie
Aciéries
Rubans
Machines
Broderies
Forges
Soieries
Coutellerie
Cotonnades
Pommes de terre
Cultures
Vaches
Prairies
Fromages
Vignes
Bois sculpté
Horlogerie
Pâturages
Forêts
RÉGION À PEU PRÈS IMPRODUCTIVE
Soieries
Gruyères
Louèche
Rhône
Rhin Fl.
Bâle
Zurich
Schaffouse
Constance
L. de Constance
Doubs R.
Arve R.
Adda
L. de Côme
L. Majeur
PLUIES
VORALBERG
LOMBARDIE
Bâle
Rhin
Zurich
Neuchâtel
Berne
Lausanne
Genève
L. de Constance
Doubs
de 0.50 à 1m
de 1m à 1m50
de 1m50 à 2m
de 2m à 2m50
2m50 et au dessus
LANGUES
ALLEMAGNE
AUTRICHE
ALLEMAND
SUISSE ALLEMANDE
ROMANCHE
FRANÇAIS
ITALIEN
ITALIE
Bâle
Lucerne
Constance
Genève

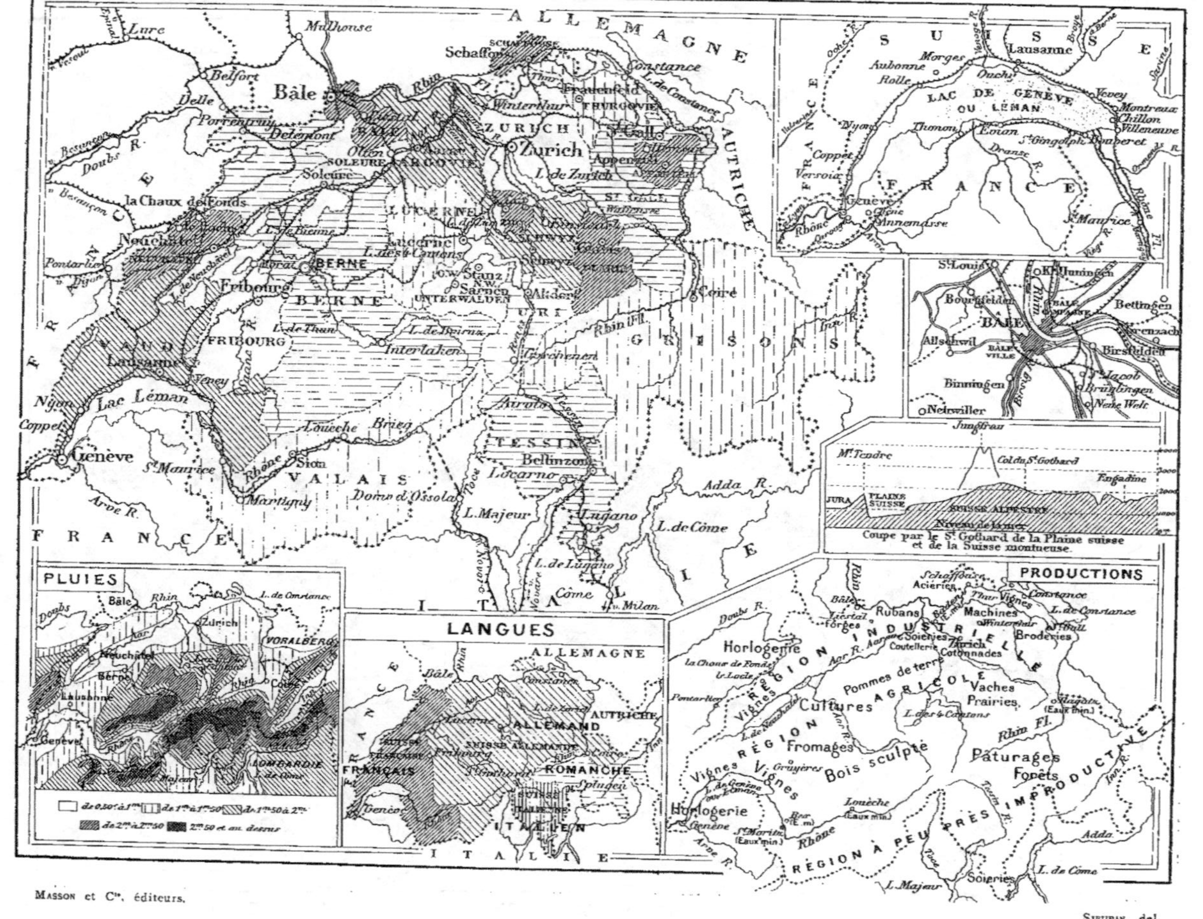

SIEURIN, del.

LES PERCÉES ALPINES

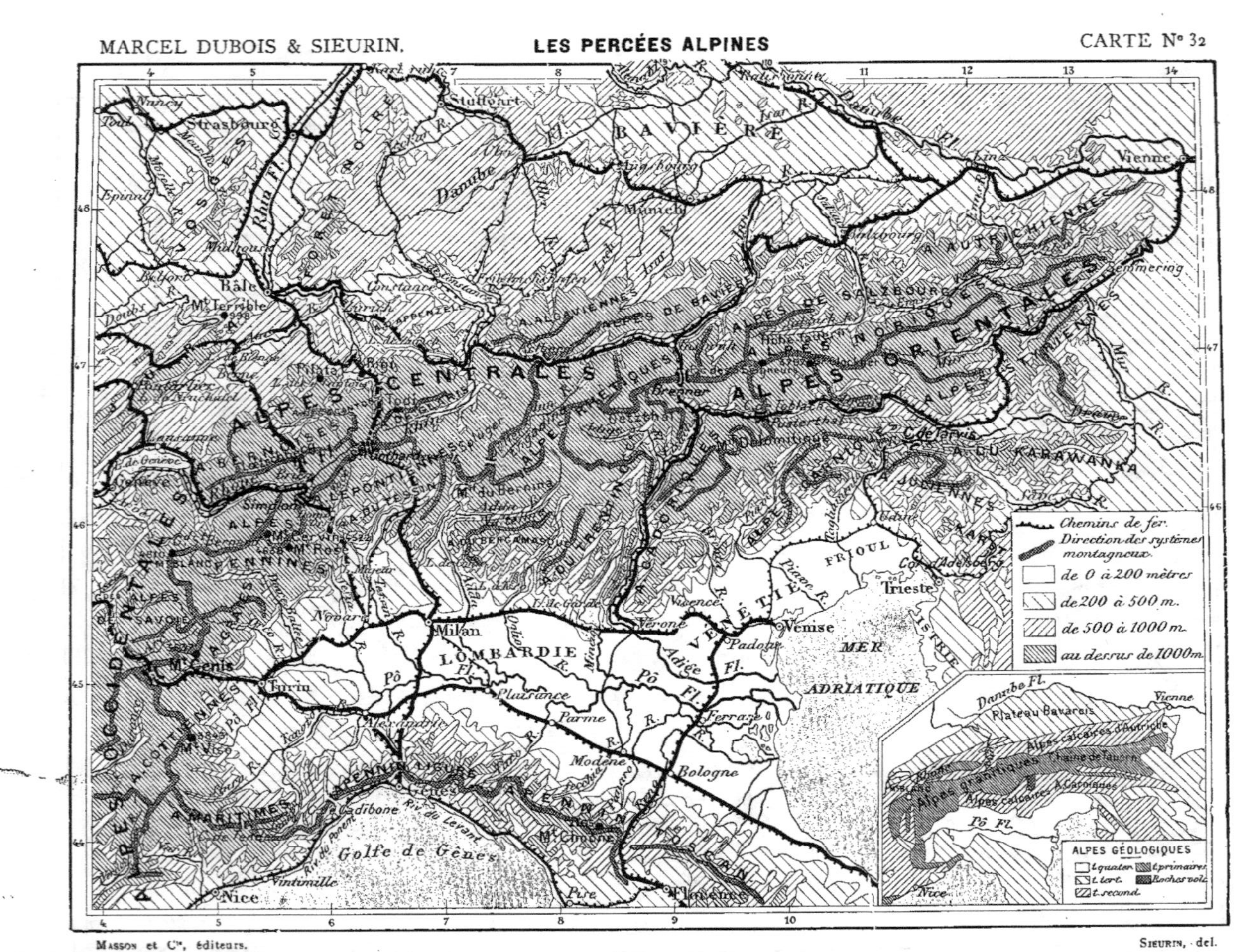

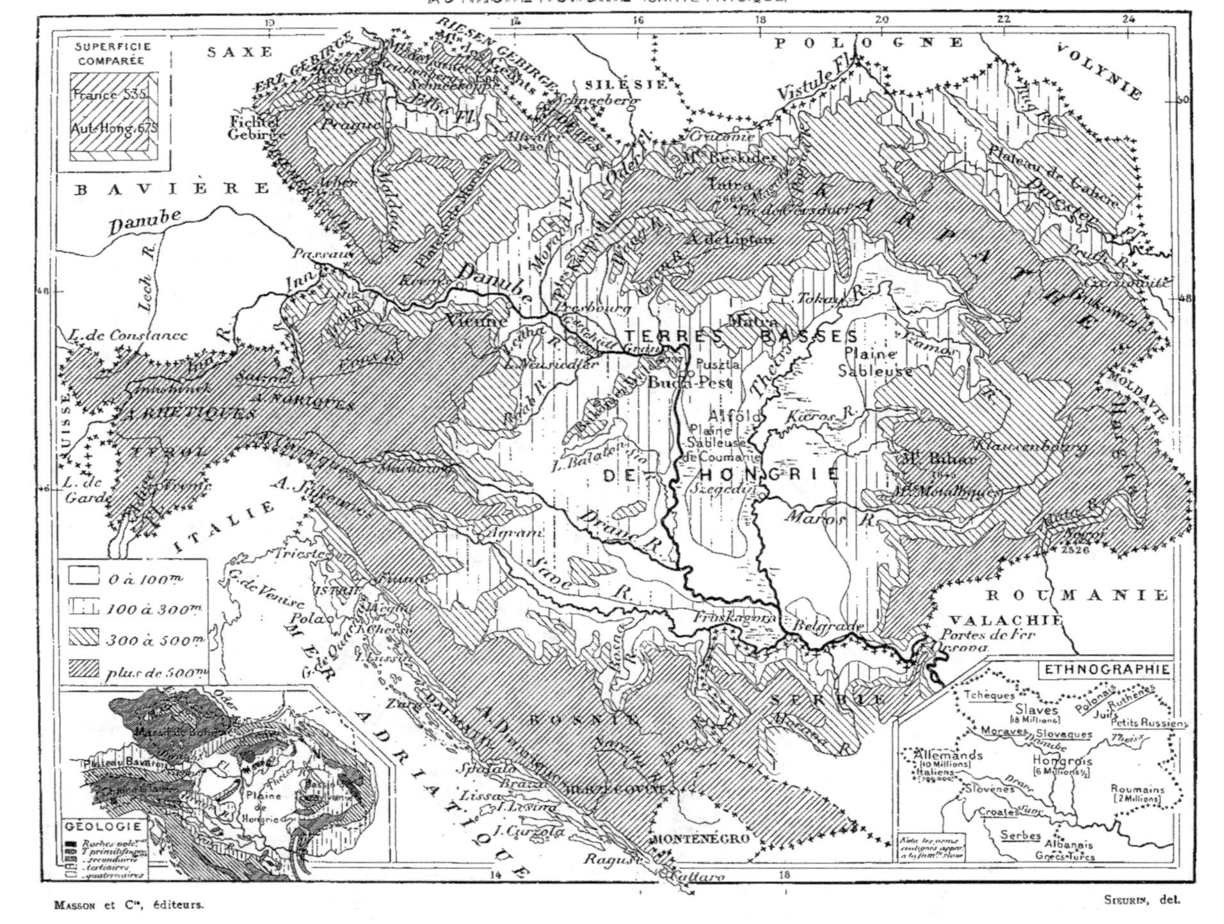
SUPERFICIE COMPARÉE
France 535
Aut-Hong. 675
SAXE
POLOGNE
VOLYNIE
SILÉSIE
BAVIÈRE
Danube
Lech R.
ERZ GEBIRGE
Fichtel Gebirge
Prague
Elbe Fl.
RIESEN GEBIRGE
Schneeberg
Cracovie
Oder Fl.
Vistule Fl.
Bug R.
Plateau de Galicie
Dniester Fl.
Pruth R.
Czernowitz
M. Beskides
Tatra
A. de Liptau
CARPATHES
Passau
Danube
Inn R.
Presbourg
Tokay R.
MOLDAVIE
Maros R.
L. de Constance
Vienne
TERRES BASSES
Puszta
Plaine Sableuse
SUISSE
A. RHÉTIQUES
TYROL
A. NORIQUES
Innsbruck
L. de Garde
Buda-Pest
Alfold
Plaine Sableuse de Coumanie
Szegedin
DE HONGRIE
L. Balaton
M. Bihar
Klausenbourg
M. Motalbucz
ITALIE
A. JULIENNES
Trieste
L. de Venise
Pola
Drave R.
Agram
Save R.
Maros R.
2526
ROUMANIE
VALACHIE
Portes de Fer
Orsova
Proskagora
Belgrade
M. ER ADRIATIQUE
ISTRIE
Fiume
BOSNIE
HERZÉGOVINE
SERBIE
Spalato
Brazza
Lissa
I. Lesina
I. Curzola
Raguse
Cattaro
MONTÉNÉGRO
0 à 100m
100 à 300m
300 à 500m
plus de 500m
GÉOLOGIE
Roches volc.
primitives
secondaires
tertiaires
quaternaires
Oder
Plateau Bavarois
Plaine de Hongrie
ETHNOGRAPHIE
Tchèques
Slaves [18 Millions]
Moraves Slovaques
Polonais
Juifs
Petits Russiens
Ruthènes
Theiss
Allemands [10 Millions]
Italiens [799.000]
Hongrois [6 Millions½]
Slovenes
Croates
Serbes
Danube
Drave
Roumains [2 Millions]
Albanais
Grecs-Turcs

AUTRICHE-HONGRIE (CARTE POLITIQUE)

CARTE N° 34

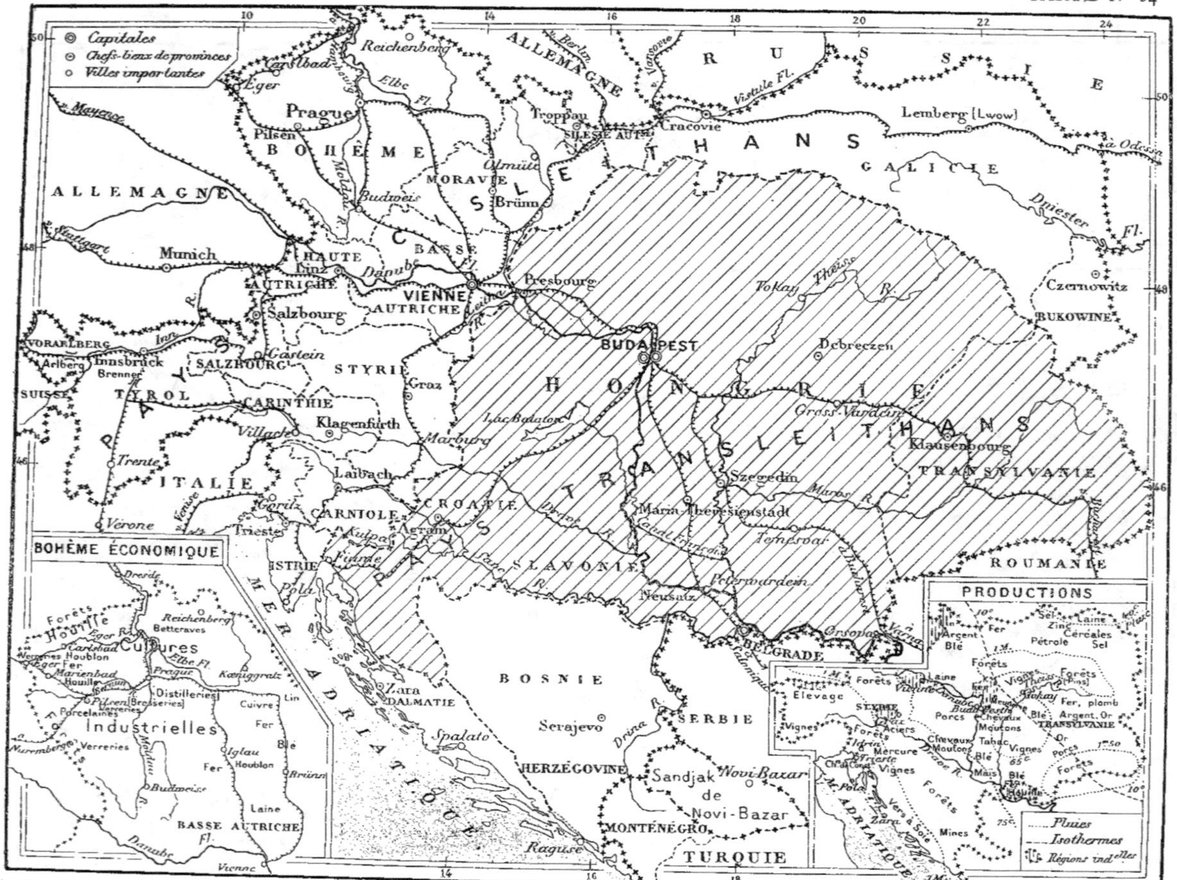

Masson et C.ie, éditeurs.

Sieurin, del.

MASSON et Cᵢᵉ, éditeurs.   SIEURIN, del.

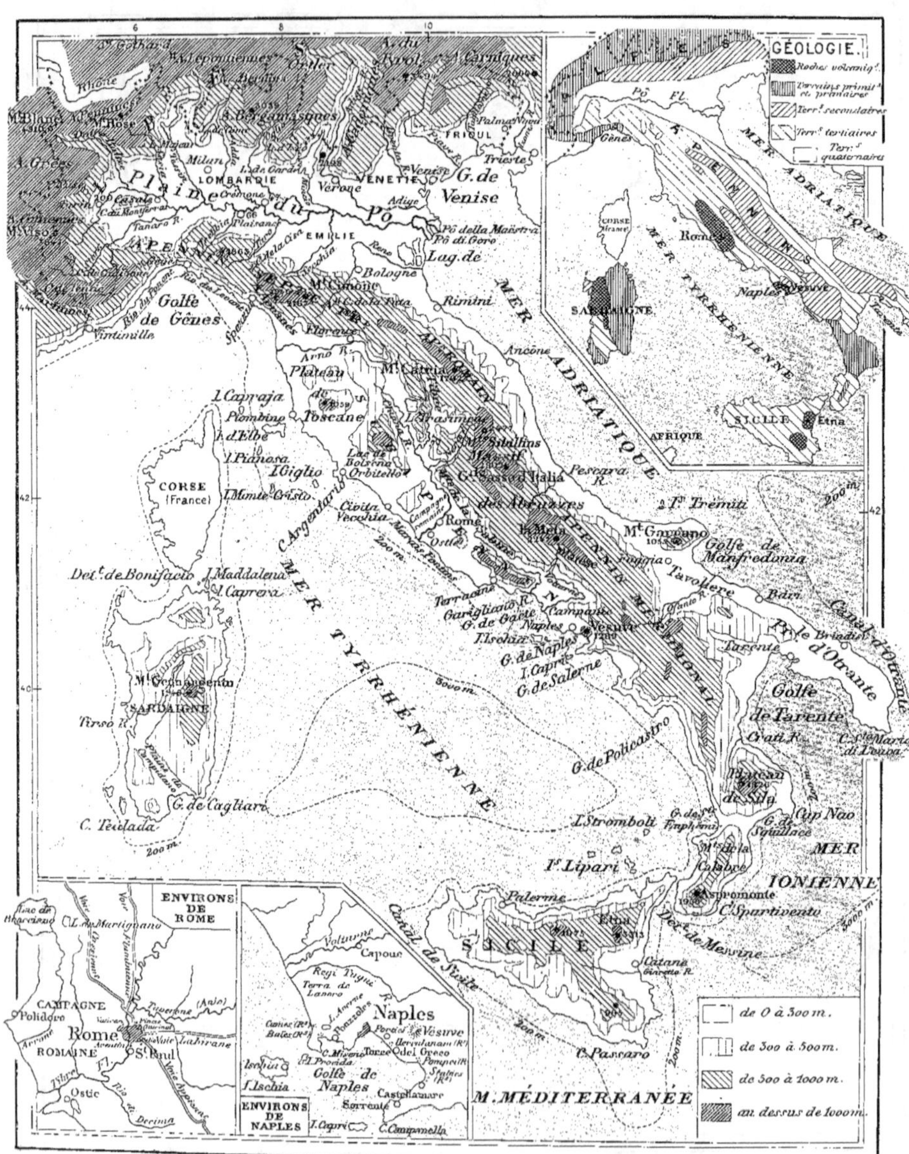
GÉOLOGIE.
Roches volcaniq.
Terrains primit.
et primaires
Terr.s secondaires
Terr.s tertiaires
Terr.s
quaternaire
de 0 à 300 m.
de 300 à 500 m.
de 500 à 1000 m.
au dessus de 1000m.
ENVIRONS DE ROME
ENVIRONS DE NAPLES
Naples
Rome
CAMPAGNE ROMAINE
PLAINE du Pô
LOMBARDIE
VÉNÉTIE
G. de Venise
ÉMILIE
Bologne
Rimini
Golfe de Gênes
APENNINS
CORSE (France)
SARDAIGNE
SICILE
MER ADRIATIQUE
MER TYRRHÉNIENNE
MER IONIENNE
M. MÉDITERRANÉE
Golfe de Tarente
Golfe de Manfredonia
G. de Naples
G. de Salerne
G. de Gaëte
Naples
Vésuve
Etna
Stromboli
I. Lipari
Palerme
Catane
C. Passaro
C. Spartivento
Détroit de Messine
Canal d'Otrante
Canal de Sicile
Milan
Vérone
Trieste
Gênes
Florence
Ancône
Pescara
Rome
Ostie
Civita Vecchia
Tarente
Brindisi
Bari
Détroit de Bonifacio
I. Maddalena
I. Caprera
I. d'Elbe
I. Capraja
I. Giglio
I. Monte Cristo
I. Pianosa
Piombino
Plateau de Toscane
Lac de Bolsena
Orbitello
I. Ischia
I. Capri
I. Procida
Mont Blanc
M. Rose
M. Viso
M.t Cimone
M.t Gennargentu
M.t Gargano
M.t Etna
Sardaigne
Corse
Afrique

v. Pontarlier
v. Bâle
v. Innspruck
v. Vienne
PRODUCTIONS
SUISSE
AUTRICHE - HONGRIE
Simplon
Tunnel du St Gothard
Brenner
Tarvis
Lecco
Côme
Udine
Laine
Soie
Lin
Chevaux
Mûriers
Milan
Région de Cultures riches
Vérone
Dentelles
Venise
Sardines
Biella
Biella
Turin
Asti
Vins
Riz
Prairies
Bestiaux
Maïs
Novare
Milan
Brescia
Vérone
VÉNÉTIE
PalmaNova
Trieste
Industries métalliques
Ports
Chanvre
Lin
Bologne
Industr. d'art
LOMBARDIE
Crémone
Mantoue
Padoue
Venise
Carrare
Marbre
Florence
Ancône
MtCenis
Turin
Pô
Alexandrie
Plaisance
Cuivre
Chianti
PIÉMONT
LIGURIE
Ferrare
Modène
ÉMILIE
MER
CORSE
(France)
Vins
Pâturages
Gênes
Bologne
Ravenne
Fer
Maremmes
Moutons
Pâturages
ABRUZZES
Fruits
Spezzia
Faenza
Rimini
Rome
17°
Carrare
St Marin
Forêts
Terre de blé
Blé
Vins
Huile
San Remo
Massa
Lucques
Florence
ADRIATIQUE
SARDAIGNE
Naples
Soufre
Cultures
Vintimille
Pise
Lucques
Arezzo
Ancône
Plomb argentifère
Orangers
Corail
Coton
Nice
Livourne
Sienne
Thon
Marais Salants
18°
Ile d'Elbe
Ferrajo
TOSCANE
Pérouse
MARCHES
Pêche du Thon
Assise
OMBRIE
AFRIQUE
Cultures
SICILE
Soufre
Corse
Terni
Marsala
Soufre
Vins
Froment
Coton
Ajaccio
MER
Campagne
romaine
Tivoli
Corail
Éponges
Vins
Syracuse
42°
LATIUM
ROME
ABRUZZES
20°
42°
Foggia
Manfredonia
CAMPANIE
Bari
Capoue
POUILLES
Naples
Bénévent
Salerne
Brindisi
Torre del Greco
APULIE
Potenza
Tarente
BASILICATE
Policastro
Otrante
SARDAIGNE
France 535
Oristano
Italie 296
Iglesias
Cagliari
CALABRE
MER
IONIENNE
Iles Éoliennes
Messine
Principaux
Canaux
L. de Côme
Palerme
Reggio
de la Plaine du Pô
I. Majeur
38°
L. Lugano
Trapani
Côme
Marsala
L. Varèse
SICILE
PALMANOVA
Monza
Girgenti
Ivrée
Milan
Syracuse
Albuingrasso
Solferino
Verceil
Pavie
Plaine
du
Pô
Turin
Crémone
Chivasso
Casale
Plaisance
Valenza

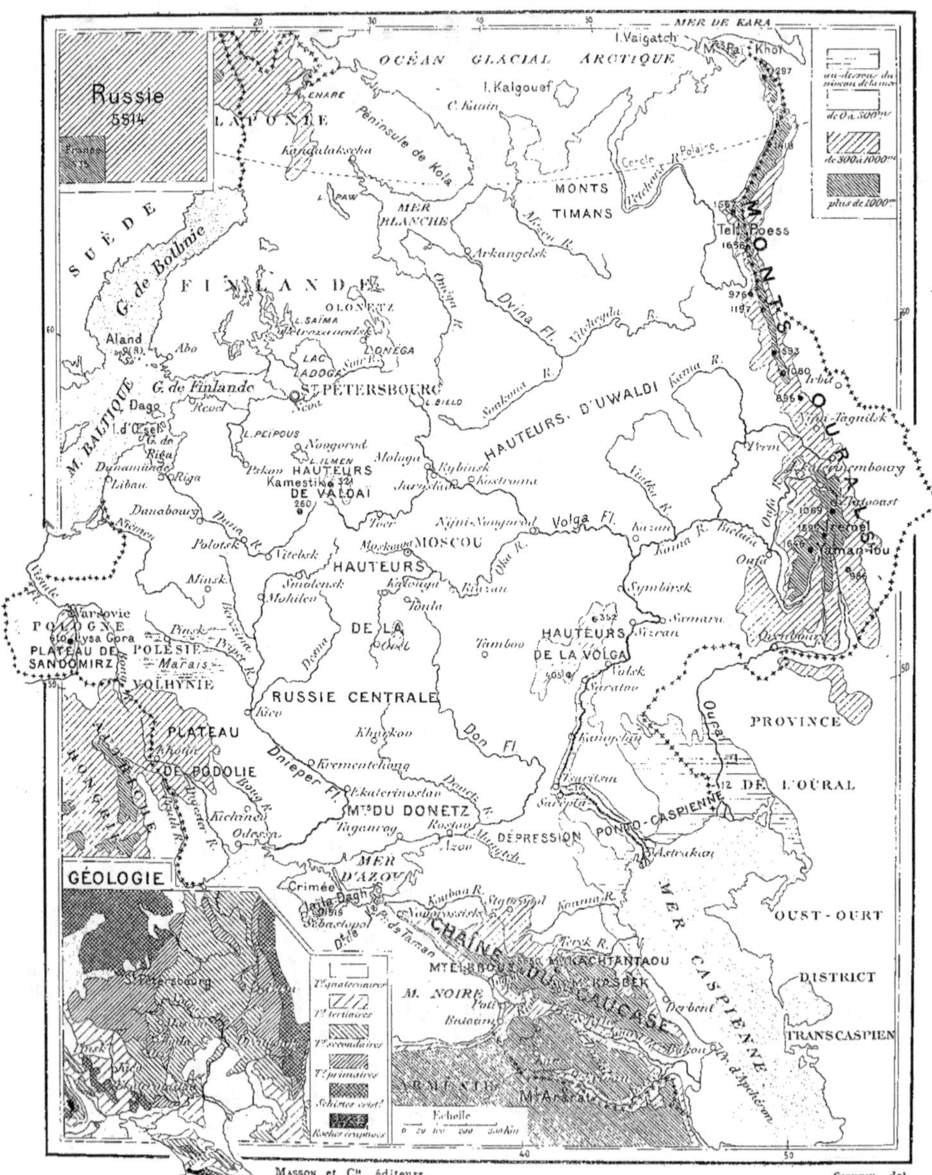
Russie
5514
France
575
MER DE KARA
OCÉAN GLACIAL ARCTIQUE
I. Vaigatch
M. Pai Khoï
1297
I. Kalgouef
C. Kanin
LAPONIE
Péninsule de Kola
Kandalakscha
Cercle Polaire
Petchora Fl.
MONTS
TIMANS
I. PAW
MER BLANCHE
Mezen R.
Arkangelsk
SUÈDE
G. de Bothnie
FINLANDE
OLONETZ
L. SAIMA
Petrozawodsk
Onéga R.
Dvina Fl.
Vitchegda
Tell Poess
1656
976
1197
MONTS OURALS
LAC LADOGA
L. ONÉGA
Sur R.
Aland
Abo
R.
Syssola
593
1080
G. de Finlande
St PÉTERSBOURG
Neva
L. BILLO
856
Dago
Revel
Jni Taguilsk
M. BALTIQUE
I. d'Œsel
L. PEIPOUS
Novgorod
Molaga
Rybinsk
HAUTEURS D'UWALDI
Perm
Orenbourg
G. de Riga
Pskov
L. ILMEN
Kostroma
Kama R.
Dunamünde
Riga
Kamestike 324
Jaroslav
Viatka R.
1069
Zlatoonst
Libau
HAUTEURS DE VALDAI
260
Nijni-Novgorod
Kazan
Kama R. Bielan
Oufa
1595 Irenel
Danabourg
Niemen
Duna R.
Tver
Volga Fl.
Oka R.
966
Taman Tou
Polotsk
Vitebsk
Moskowa
MOSCOU
Orel R.
Oufa
Minsk
Smolensk
Kalouga
Riazan
Symbirsk
Oust-Ourt
Mohilev
Toula
Viatke
Vistule Fl.
POLOGNE
Lysa Gora
Pinsk
Berezina R.
Diena
Orel
352
Samara
HAUTEURS DE LA VOLGA
Qrenbourg
PLATEAU DE SANDOMIRZ
POLESIE
Marais
Dnepr R.
Tamboo
Sizran
PROVINCE
VOLHYNIE
Kiev
RUSSIE CENTRALE
405
Volsk
Oural
Saratov
DE LA
HONGRIE
PLATEAU DE PODOLIE
Rogin
Dnieper Fl.
Khaikov
Don Fl.
Kamychin
DE L'OURAL
Kichinev
Kremenicloug
Kong R.
Ekaterinoslav
Donets
Tsaritsin
PONTO-CASPIENNE
Odessa
Mts DU DONETZ
Taganrog
Roston
Sarepta
DISTRICT
MER D'AZOV
Azov
DÉPRESSION
Astrakan
MER CASPIENNE
TRANSCASPIEN
GÉOLOGIE
Crimée
Iaila Dagh
Novorossiisk
Koubaa R.
Stavropol
Kouma R.
St Pétersbourg
Sébastopol
D. de Taman
CHAINE DU CAUCASE
Teryk R.
KACHTANTAOU
ELBROUS
Derbent
Poti
M. NOIRE
M. ELBROUS
KAZBEK
Batoum
d'Apchéroum
ARMÉNIE
M. Ararat
Échelle
T. quaternaires
T. tertiaires
T. secondaires
T. primaires
Schistes crist!
Roches eruptives
au-dessous du niveau de la mer
de 0 à 300m
de 300 à 1000m
plus de 1000m
20
30
40
50
60
50

Pluies
Lignes Isothermes
Echelle
Kilomètres
OCÉAN   GLACIAL   ARCTIQUE
M. DE KARA
Phoques
Baleines
LAPONIE
Rennes
Région   des   Toundras
Ours
Blancs
Rennes
NORVÈGE
Cercle Polaire Arctique
Saumons
SIBÉRIE
Harengs
Mélèzes
Arkhangelsk
SUÈDE
Fer
Dvina Fl.
Bouleaux
Granits
Pins
Sapins
Abo
Bœufs
Loups
Ours
GOLFE DE BOTNIE
Renards
Région   des   Forêts
Région
St. Pétersbourg
Métallurgie
Nyné-Tagilsky
Lin
Ind. de Luxe et d'Art
Sapins
Tilleuls
Minière
Perm
Os. Platine
Ekaterinembourg
Chanvre
Chênes
Lin
Cuivre
Fer
MER BALTIQUE
Région   des   Forêts
Rybinsk
Kostroma
Libau
Riga
Iaroslav
Lin
Cuirs
Tver
Lin
Njni-Novgorod
Bœufs
Oufa
Lin
Tissage
Chevaux
Vladimir
Volga
Kazan
Céréales
Moscou
Cuirs
Varsovie
Région Industrielle
Pommes
Sinolensk
Fer
Kalouga
Riazan
Chevaux
Cuivre
Or
Houille
Armes
Toula
Houille
Samara
Orenbourg
Fer
Chanvre
Région   Agricole
Betteraves
Orel
Don
Tambov
Chevaux
Vistule
Saratov
PROVINCE
ou des   Terres Noires
Steppes
DE
Jitomir
Kiev
Betteraves
Volga
L'OURAL
Tabac
Tabac
Bœufs
Sel du
Région des
AUTRICHE
Poltava
Chevaux
Lac Elton
HONGRIE
Betteraves
Ekaterinoslav
Région   des   Steppes   Salins
Lin
Houille
Chameaux
Kichinev
Région
Taganrog
Don
Vignes
Odessa
Chantiers
Rostov
Astrakan
Blés
de
Moutons Porcs
ROUMANIE
Construction
Esturgeons
Région
Pêche abondante
Danube Fl.
Moutons
presque
Esturgeons Saumons
Salines
déshéritée
MER CASPIENNE
BULGARIE
Vignes
Plomb
Sébastopol
MER   NOIRE
Vladicaucase
TURQUIE
Bosphore
Poti
Forêts
Batoum
Tiflis
Chênes
Bakou
Vignes
Hêtres
Pétrole
Oliviers
Muriers
MER
Principales
D'AZOV
Vladicaucase
MER
Sources de
CASPIENNE
Pétrole du
Batou
Caucase
MER NOIRE
Kitais
Poti
Tiflis
Batoume
Elisabetpol
Chemins de fer
Sources
Répartition
du Sol
de la Russie
Terrains Incultes
Forêts
Prairies
Champs Cultivés

SIBÉRIE ET TURKESTAN

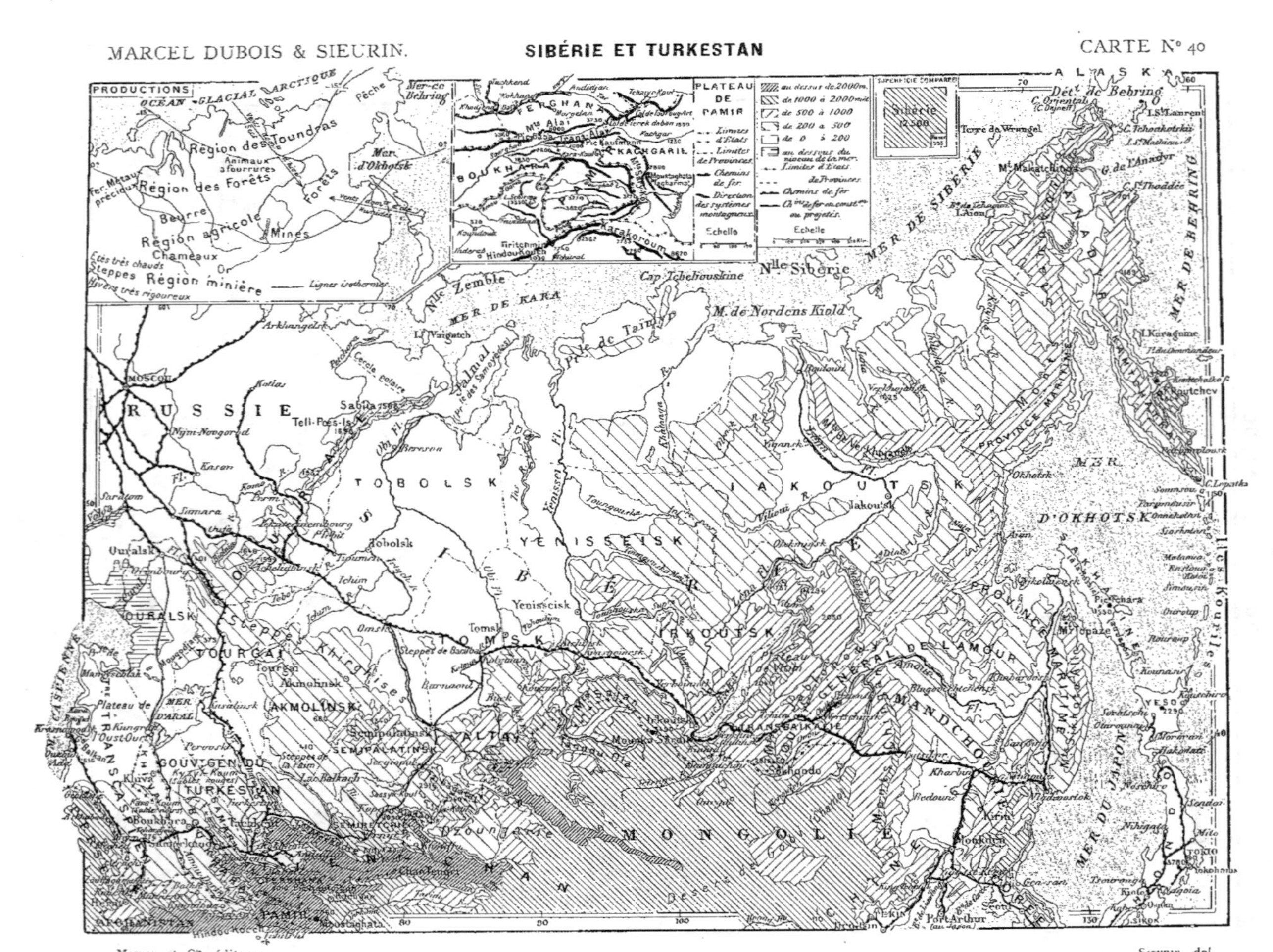

MER D'AZOV
Taganrog
Rostov
Don
Manytch
à Tsaritsin
Astrakan
CIS
CAUCASIE
MER CASPIENNE
Kertch
Taman
Kouban
Ekatérinodar
Stavropol
Koumа
Maïkop
C. Oural
Novorossisk
Trek
Soulak
Petrovsk
au dessous du niveau de la mer
de 0 à 200ᵐ
de 200 à 500ᵐ
de 500 à 1000ᵐ
de 1000 à 2000ᵐ
plus de 2000ᵐ
0   50   100   150 Kil.
Sotchi
CAUCASE
Psych
Elbrouz
Kachtantaou
Kazbeck
Vladicaucase
Col de Darial
Borbalo
Derbent
Soukhoum Kaleh
MER NOIRE
Koutaïs
GÉORGIE
Poti
Batoum
TRANS
Tiflis
Djkataly
Mag. D.
Baba D.
Presqu'île d'Apcheron
Bakou
Krasnovodsk
CAUCASIE
Elisabethpol
Alexandropol
Alagoz
Erican
Erivan
EMPIRE
OTTOMAN
Ararat
Djoulfa
Kara Dagh
Lenkoran
PERSE
Rostov
Manytch
Astrakan
Pluies très abondantes
Moutons et chèvres
peu abondantes
Stavropol
CISCAUCASIE
Trek
M. CASPIENNE
Pêche
Novorossisk
Forêts
Pêche
Vins
Blé
Fruits
Buffles
Pétrole
Pétrole
Mûrier
Légumes
TRANSCAUCASIE
M. NOIRE
Poti
Batoum
Tiflis
Blé
Coton
Riz
Bakou
Erivan
Araxe
PERSE
PRODUCTIONS

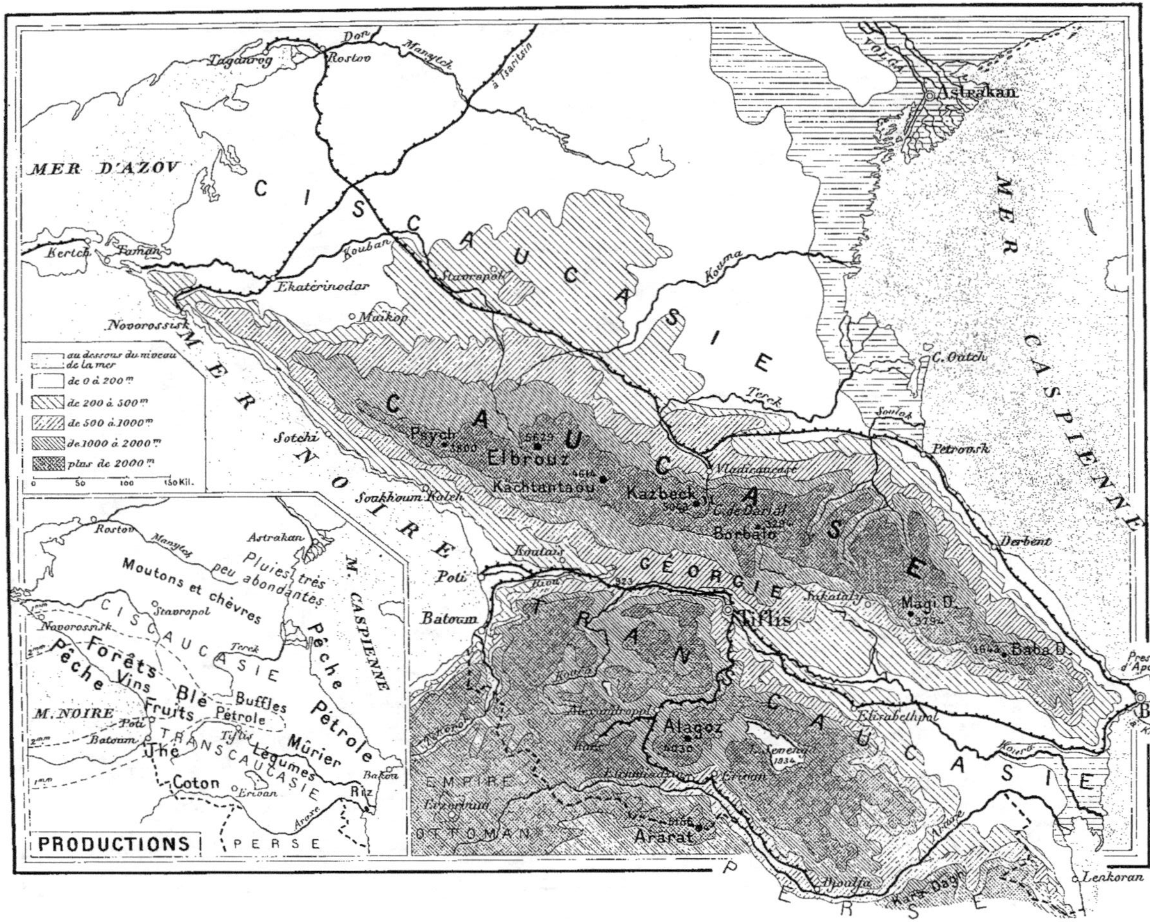

Masson et Cⁱᵉ, éditeurs

Sieurin, del.

PRODUCTIONS
Capitales de Provinces
Villes importantes
Ports ouverts au commerce étranger
Limites d'États
— de Provinces
Chemins de fer construits en construction ou projetés
Chine 1:8.000

MONGOLIE
ORDOS
Desert de Gobi
Houille
Sel
Pluies très rares
Fer
Céréales
Coton
Thé
Riz
Kaolin
Étain
Fer Cuivre
Objets en laque
Indigo
TONKIN
Hai-nan

PE-TCHE-LI
Dolon-nor
Kalgan
Koukou-Khoto
PÉKIN
Ta-loung
TIEN-TSIN
PAO-TING
Tchong-ting
TAI-YUAN
Liang-tcheou
Yu-lin
CHEN-SI
KAN-SOU
LAN-TCHEOU-FOU
Ping-liang
Hoang-Ho
Si-ning

CHING-KING
MOUKDEN
Kin-tcheou
Niou-tchouang
Siong-tchin
Oui-tyou
B. de Lian-tong
Dalni
Port-Arthur (au Japon)
G. de Pé-tchéli
B. de Corée
Fieng-yang
Tché-nan-po
SÉOUL
CORÉE
Gen-san
Teng-tcheou
Tché-fou
Foul-san
Mak-po

TSINAN
CHAN-TOUNG
Kiao-tcheou
B. de Kiao-tcheou (à l'Allemagne)
I-Tcheou
MER JAUNE (HOANG HAI)
I. Quelpaert

HO-NAN
SI-NGAN-FOU
KAI-FENG-FOU
Ho-nan
Yun-yang
KIANG-SOU
NGAN-HOEI
NGAN-KING
NGAN-TCHANG
Chao-heou
NANKIN
SOU
Tchen-king
Tai-ping
Han-Keou
HOU-PE
Wan
I-tchang
TCHANG-HAI
I. Gutzlaff
Tcheou-San (Tche-San)
Poo-tou-Tao

SE-TCHOUEN
TCHENG-FOU
Pao-ning
Long-ngai
Kouei-tcheou
Ba-tang
Ta-tsien-lou
Tchoung-King
Soui-fou
Tun-ning
Ling-yuen
Tchao-tong
Li-kiang
YUN-NAN
YUN-NAN-SEN
Ta-li-fou
Sse-mao
Mong-tsé
Man-han
Keng-houng
Li-ngan
Lao-Kay
Long-tcheou
Lang-sou
TONKIN
HANOÏ
Golfe du Tonkin
Kiung-Tcheou
HAI-NAN

HOU-NAN
TCHANG-CHA
Siang-tan
Heng-tcheou-fou
KOEI-TCHEOU
KOEÏ-YANG
Toung-tchouan
Siang-Yan
Tchang-to
Yo-tcheou
Ngan-fou
KIANG-SI
NAN-TCHANG
Kan-tcheou
Kien-tchang
Nan-ning
KOUANG-SI
KOUEÏ-TING
Liou-tcheou
Kouang-nan
Chao-tcheou
KOUANG-TOUNG
CANTON
Ou-tcheou
Tchang
Macao
Hong Kong
Victoria (à l'Angleterre)
Pakhoï
Lien-tcheou
Lei-tcheou
Baie de Kouang-tcheou (à la France)

TCHE-KIANG
Ning-po
Tao-tcheou
Ouen-tcheou
B. de San-Moun
Po-Yang
Fou-ning
FO-KIEN
FOU-TCHEOU
Tcheng-tcheou
Amoy
[I. Pescadores (au Japon)]
Sona-tam
An-ping
Tai-wan
Takou
FORMOSE (au Japon)
Tamchoui
Kilong

MER DE CHINE ORIENTALE (TOUNG HAÏ)

BIRMANIE
THIBET
Mé-kong
Salouen
Irraouaddi
Yang-tsé-Kiang

CARTON D'ENSEMBLE
MONGOLIE
MANCHOURIE
PÉKIN
Nankin
Chang-Haï
EMPIRE CHINOIS
THIBET
CHINE
Ourga
Moukden

Échelle
0 100 200 300 400 500 Kil.

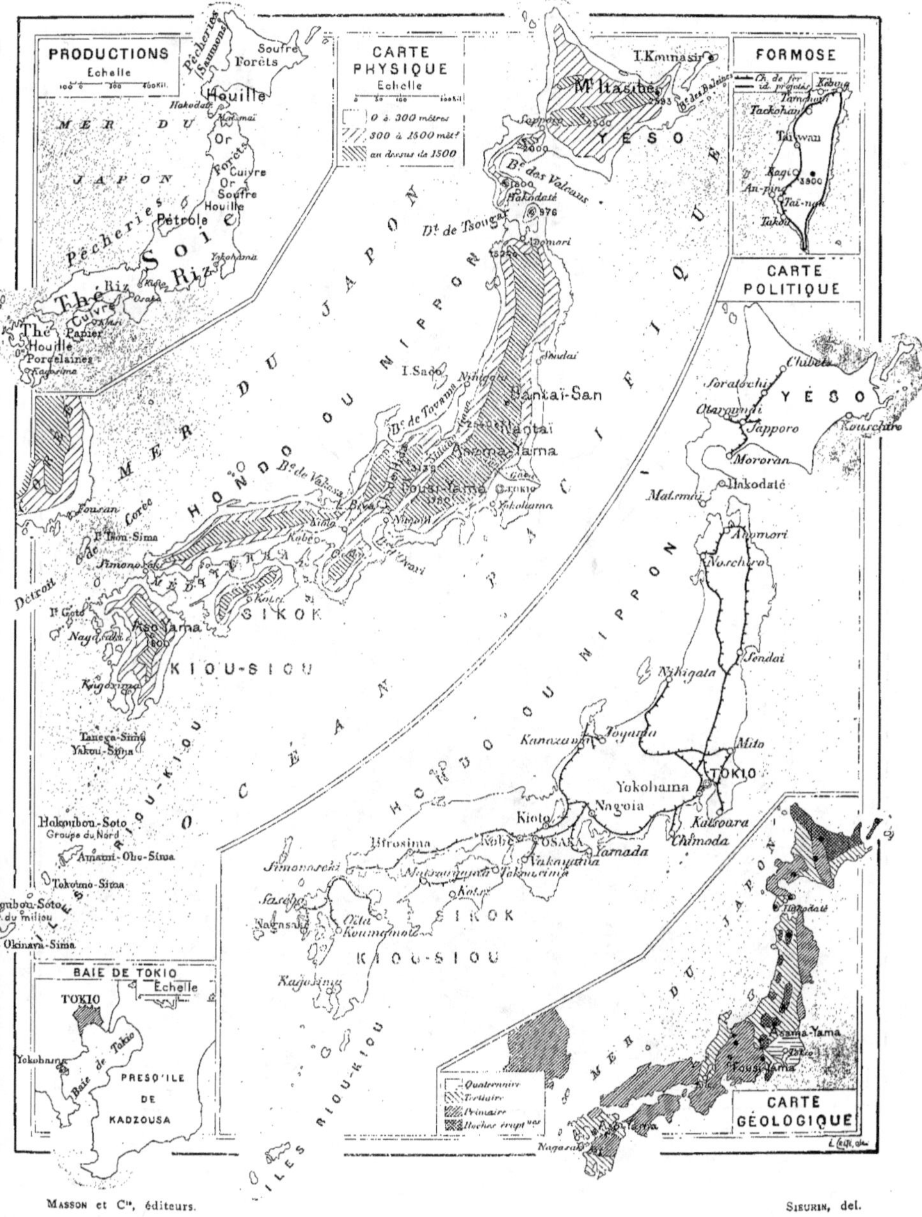
PRODUCTIONS
Echelle
Pêcheries (Saumons)
Soufre
Forêts
Houille
Hakodaté
Matsmai
Or
Forêts
Or
Cuivre
Or
Soufre
Houille
Pétrole
Yokohama
Soie
Thé
Riz
Riz
Osaka
Cuivre
Thé
Papier
Houille
Porcelaines
Kagosima
MER DU JAPON
CARTE PHYSIQUE
Echelle
0 à 300 mètres
300 à 1500 mèt.
au dessus de 1500
I. Kounasir
M. Itasibé
Bᵉ des Baleines
YESO
Sapporo
B. des Volcans
Hakodaté
Dᵗ de Tsougar
Aomori
Sendai
I. Sado
Nihigata
Bantai-San
Sentai
Bᵉ de Toyama
Asama-Yama
Maya
Fousi-Yama
Biva
Tokio
Yokohama
HONDO OU NIPPON
Kioto
Kabo
Nari
Détroit
Fousan
Corée
I. Tson-Sima
Simonoseki
Koti
SIKOK
Aso-Yama
Nagasaki
KIOU-SIOU
Kagosima
Tanega-Sima
Yakou-Sima
Hakonbou-Soto
Groupe du Nord
Amami-Oho-Sima
Tokouno-Sima
sgubou-Soto
du milieu
Okinava-Sima
OCÉAN PACIFIQUE
ÎLES RIOU-KIOU
OCÉAN PACIFIQUE
FORMOSE
Ch. de fer
id. projeté
Kelung
Tamsuuï
Tackohan
Tai-wan
Kagi
An-ping
Tai-nan
Takou
CARTE POLITIQUE
Chibets
Soratchi
Otaroundi
YESO
Sapporo
Kouschiro
Mororan
Hakodaté
Matsmaï
Aomori
Noschiro
Nihigata
Sendai
HONDO OU NIPPON
Kanazawa
Toyama
Mito
TOKIO
Yokohama
Nagoïa
Kioto
Katsoura
Chinoda
Kobé
OSAKA
Yamada
Utrosima
Wakayama
Takousima
Simonoseki
Kotz
Sasébo
SIKOK
Nagasaki
Oïta
Koumamotz
KIOU-SIOU
Kajusima
BAIE DE TOKIO
Echelle
TOKIO
Yokohama
Baie de Tokio
PRESQ'ILE DE KADZOUSA
MER DU JAPON
Hakodaté
Asama-Yama
Tokio
Fousi-Yama
Quaternaire
Tertiaire
Primaire
Roches éruptives
Nagasaki
CARTE GÉOLOGIQUE

NEW YORK   500 000 hab. et au dessus
BUFFALO   200 000 à 500 000 hab.
Providence   100 000 à 200 000 ·
Albany   25 000 à 100 000 ·
Richmond   moins de 25 000 hab.
BOUCHES DU MISSISSIPI
Dⁱ de Juan de Fuca
Mᵗ Rainier
Plateau de la Columbia
Missouri R.
Bismarck
L. Supérieur
St Laurent
Mᵗ Shasta
Minneapolis
St Paul
L. Huron
NOUV. BRUNSWICK
BOSTON
Pic Frémont
Nebraska ou platte
L. Michigan
Ontario
Alban
BUFFALO
Providence
Long-Island
St FRANCISCO
Plateau de Utah
Omaha
MILWAUKEE
DÉTROIT
L. Erie
NEW-YORK
PHILADELPHIE
CHICAGO
CLEVELAND
PITTSBURG
BALTIMORE
CINCINNATI
WASHINGTON
Kansas R.
St LOUIS
Ohio R.
Louisville
B. de Chesapeake
Mᵗ Whitney
Pic Bianca
Arkansas R.
Plateau du Colorado
R. Canadienne
Arkansas R.
Mississipi Fl.
Tennessee R.
Alabama R.
ALLEGHANYS
Richmond
Llano Estacado
Riv. Rouge
Charleston
Savannah
BAIE DE SAN FRANCISCO
Golden Gate
San Francisco
OCÉAN PACIFIQUE
Louisiane
Texas
Colorado
Mobile
Nᵉˡˡᵉ ORLÉANS
Floride
OCÉAN ATLANTIQUE
C. Hatteras
CÔTE ORⁱᵉ DES ÉTATS UNIS
BOSTON
Providence
NEW YORK
Long-Island
Brooklyn
PHILADELPHIE
BALTIMORE
WASHINGTON
OCÉAN ATLANTIQUE
C. Hatteras
Rio Grande del Norte
Golfe du Mexique
MÉXIQUE
TERRITOIRE D'ALASKA
SIBÉRIE
OCÉAN GLACIAL
C. Barrow
MER DE BEHRING
Mᵗ Wrangel
Mᵗ St Elie
Pêche
Chasse
OCÉAN PACIFIQUE
États-Unis 9 550
0 à 500 m.
500 à 1500 m.
plus de 1500 m.
0 à 500
plus de 500
Nᴸᴸᴱ ORLÉANS ET SES ENVIRONS
Baton Rouge
L. Pontchartrain
Golfe
ORLÉANS
MISSISSIPI
ÉTATS-UNIS (CARTE GÉOLOGIQUE)
OCÉAN PACIFIQUE
St Francisco
OCÉAN ATLANTIQUE
New York
Philadelphie
Nⁱᵉ Orléans
G. du Mexique
Quaternaire
Tertiaire
Secondaire
Primaire
Roches ér.

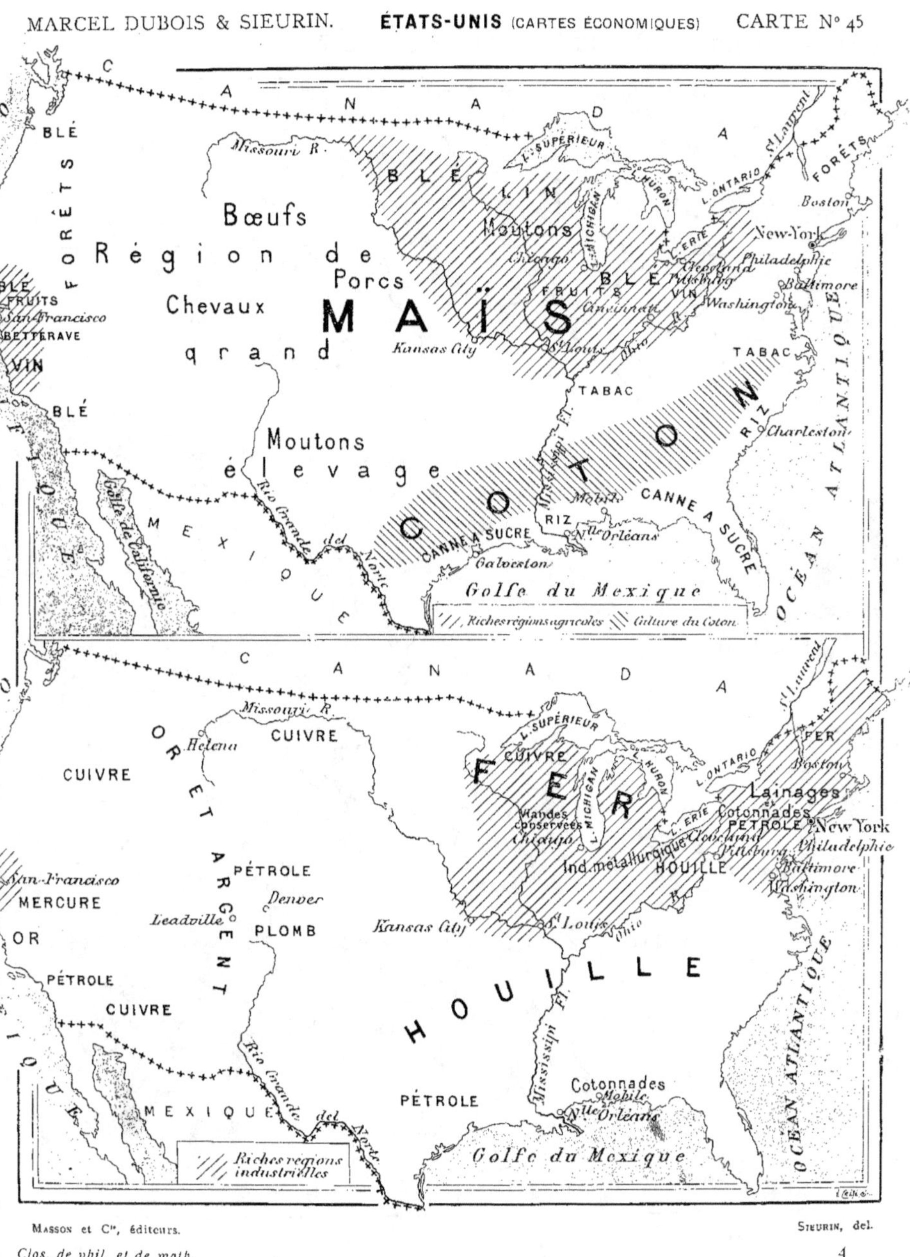
CANADA
St Laurent
BLÉ
FORÊTS
Missouri R.
BLÉ
LIN
L. SUPÉRIEUR
HURON
L. ONTARIO
FORÊTS
Boston
Bœufs
Moutons
MICHIGAN
ÉRIE
New-York
Région   de
Chicago
Cleveland
Philadelphie
Porcs
FRUITS
BLÉ
Pittsburg
Baltimore
BLÉ
Chevaux
MAÏS
Cincinnati
VIN
Washington
FRUITS
San-Francisco
BETTERAVE
Kansas City
St Louis
Ohio R.
TABAC
grand
TABAC
VIN
COTON
RIZ
Charleston
BLÉ
Moutons
élevage
Mississipi Fl.
Mobile
CANNE A SUCRE
OCÉAN ATLANTIQUE
Golfe de Californie
Rio Grande del Norte
MEXIQUE
CANNE A SUCRE
RIZ
Nlle Orléans
Galveston
Golfe du Mexique
/// Riches régions agricoles   \\\ Culture du Coton

CANADA
St Laurent
Missouri R.
L. SUPÉRIEUR
HURON
FER
Helena
CUIVRE
CUIVRE
CUIVRE
L. ONTARIO
Boston
MICHIGAN
FER
OR ET ARGENT
FER
Lainages
Viandes conservées
ÉRIE
Cotonnades
Chicago
PÉTROLE
New-York
Cleveland
PÉTROLE
Ind. métallurgique
Pittsburg
Philadelphie
Denver
HOUILLE
Baltimore
San-Francisco
Leadville
Washington
MERCURE
PLOMB
Kansas City
St Louis
Ohio
OR
PÉTROLE
HOUILLE
CUIVRE
Mississipi Fl.
OCÉAN ATLANTIQUE
Rio Grande del Norte
Cotonnades
Mobile
MEXIQUE
PÉTROLE
Nlle Orléans
/// Riches régions industrielles
Golfe du Mexique

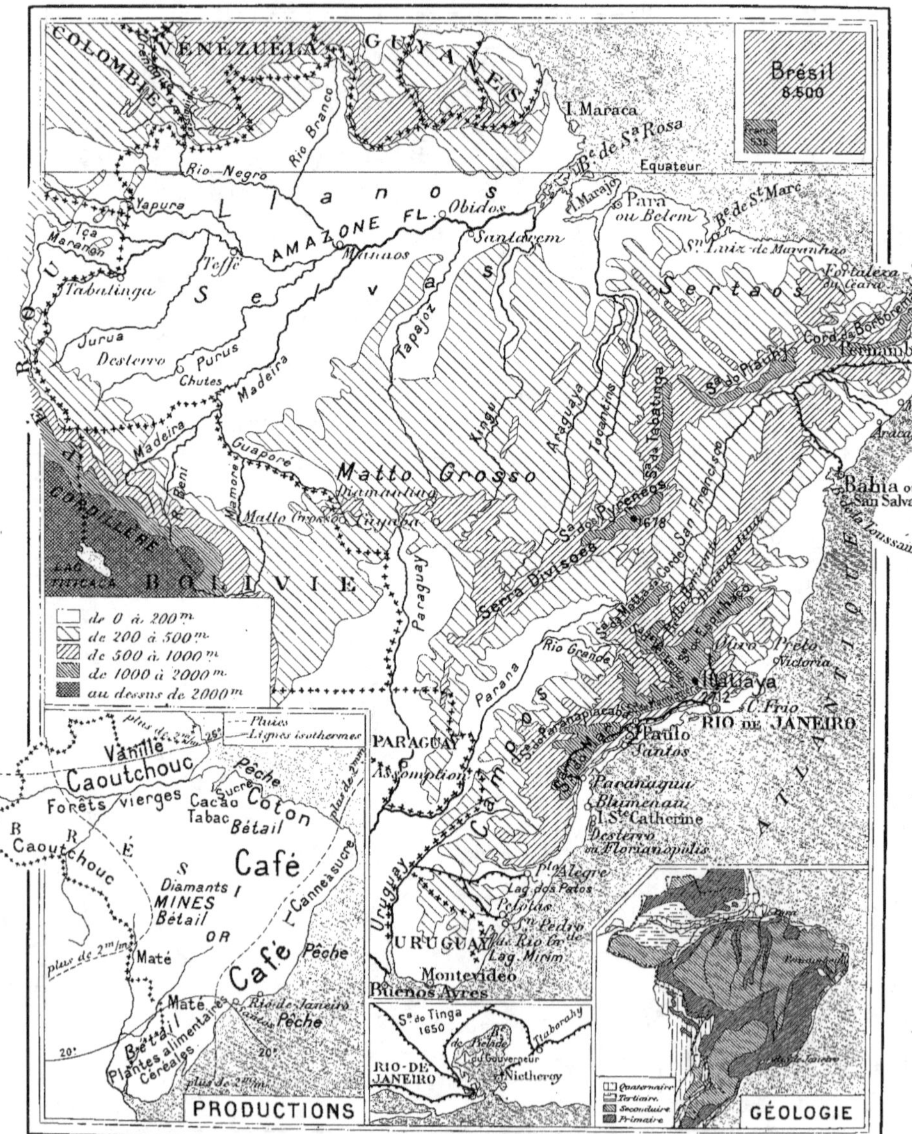
COLOMBIE
VENEZUELA
GUYANES
I. Maraca
B.ᵉ de Sᵗᵃ Rosa
Equateur
Brésil
8.500
Rio Branco
Rio Negro
Yapura
Içca
Maranon
AMAZONE FL.
Obidos
Santarem
I. Marajo
Para ou Belem
B.ᵉ de Sᵗ Marc
Sᵗ Luiz de Maranhao
Teffé
Manaos
S e l v a s
Sertaos
Fortaleza ou Ceara
Tabatinga
Tapajoz
Cord. de Borborema
Pernambouc
Jurua
Desterro
Purus
Chutes
Madeira
Xingu
Araguaya
Tocantins
Sᵃ da Tabatinga
Sᵃo do Prata
Maceio
Aracaju
Guaporé
Beni
Mamore
Matto Grosso
Diamantina
Matto Grosso
Cuyaba
S.ᵃ dos Pyreneos
1678
Sᵃo Corcovado San Francisco
Bahia ou San Salvador
da Toussaint
CORDILLERE
LAC TITICACA
BOLIVIE
Serra Divisões
Paraguay
de 0 à 200ᵐ
de 200 à 500ᵐ
de 500 à 1000ᵐ
de 1000 à 2000ᵐ
au dessus de 2000ᵐ
Rio Grande
Parana
Miro Preto
Victoria
Itatiaya
C. Frio
RIO DE JANEIRO
Sᵗ Paulo
Santos
PARAGUAY
Assomption
Paranagua
Blumenau
I. Sᵗᵉ Catherine
Desterro ou Florianopilis
Pᵗ Alegre
Lag. dos Patos
Pelotas
Sᵗ Pedro
URUGUAY
do Rio Gʳᵈᵉ
Lag. Mirim
Montevideo
Buenos Ayres

Pluies
Lignes isothermes
plus de 3ᵐ/ᵐ
Vanille
Caoutchouc
Forêts vierges
Pêche
Sucre
Cacao
Coton
Tabac
Bétail
B. Caoutchouc
BRÉ
Café
Diamants
MINES
Bétail
OR
Canne à sucre
plus de 2ᵐᵐ
Maté
Café
Pêche
plus de 2ᵐ/ᵐ
Maté
Bétail
Rio de Janeiro
Pêche
Plantes alimentaires
Céréales
plus de 2ᵐ/ᵐ
20°
20°
PRODUCTIONS

Sᵃ do Tinga
1650
Itaborahy
B. de Pelade ou du Gouverneur
RIO-DE-JANEIRO
Nictheroy

Pernambouc
Rio Janeiro
Quaternaire
Tertiaire
Secondaire
Primaire
GÉOLOGIE

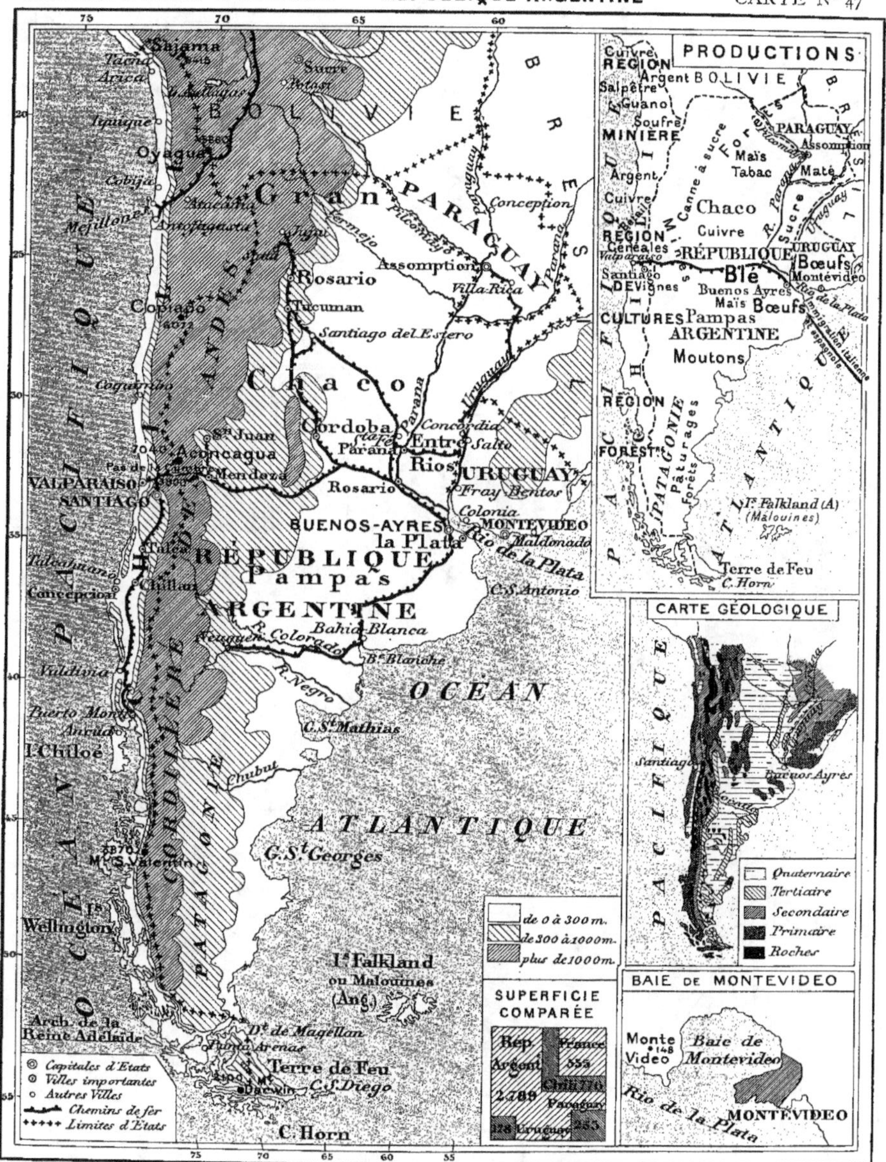
RÉPUBLIQUE ARGENTINE
PRODUCTIONS
CARTE GÉOLOGIQUE
BAIE DE MONTEVIDEO
SUPERFICIE COMPARÉE

BOLIVIE
BRÉSIL
PARAGUAY
Gran
PARAGUAY
Assomption
Villa Rica
Conception
Rosario
Tucuman
Santiago del Estero
Chaco
Cordoba
Parana
Entre Rios
Concordia
Salto
URUGUAY
Fray Bentos
Colonia
MONTEVIDEO
Rio de la Plata
Maldonado
C. S. Antonio
BUENOS-AYRES
la Plata
RÉPUBLIQUE
Pampas
ARGENTINE
Bahia Blanca
R. Colorado
Neuquen
B. Blanche
R. Negro
C. St Mathias
OCÉAN
ATLANTIQUE
Chubut
G. St Georges
Is Falkland
ou Malouines
(Ang.)
OCÉAN PACIFIQUE
CORDILLÈRE DES ANDES
PATAGONIE
D. de Magellan
Punta Arenas
Terre de Feu
C. St Diego
Darwin
C. Horn
Arch. de la Reine Adélaïde
Is Wellington
I. Chiloé
Ancud
Puerto Montt
Valdivia
Mt S. Valentin
Concepcion
Talcahuano
Chillan
Talca
SANTIAGO
VALPARAISO
Mendoza
Aconcagua
St Juan
Coquimbo
Copiapo
Antofagasta
Mejillones
Cobija
Iquique
Oyagua
Tacna
Arica
Sibama
Sucre
Potosi

Capitales d'États
Villes importantes
Autres Villes
Chemins de fer
Limites d'États

PRODUCTIONS
Cuivre
RÉGION
Argent
Salpêtre
Guano
Soufre
MINIÈRE
Argent
Cuivre
RÉGION
Céréales
Valparaiso
Santiago
DE Vignes
CULTURES
RÉGION
FORÊTS
BOLIVIE
PARAGUAY
Assomption
Maïs
Tabac
Maté
Chaco
Cuivre
RÉPUBLIQUE
Blé
Buenos Ayres
Maïs
Bœufs
Pampas
ARGENTINE
Moutons
Canne à sucre
Forêts
URUGUAY
Bœufs
Montévidéo
PATAGONIE
Pâturages
Forêts
Is Falkland (A)
(Malouines)
Terre de Feu
C. Horn

CARTE GÉOLOGIQUE
Santiago
Buenos Ayres
Quaternaire
Tertiaire
Secondaire
Primaire
Roches

de 0 à 300 m.
de 300 à 1000 m.
plus de 1000 m.

SUPERFICIE COMPARÉE
Rep. Argent.
France
Chili
Paraguay
Uruguay

BAIE DE MONTEVIDEO
Monte Video
Baie de Montevideo
Rio de la Plata
MONTEVIDEO

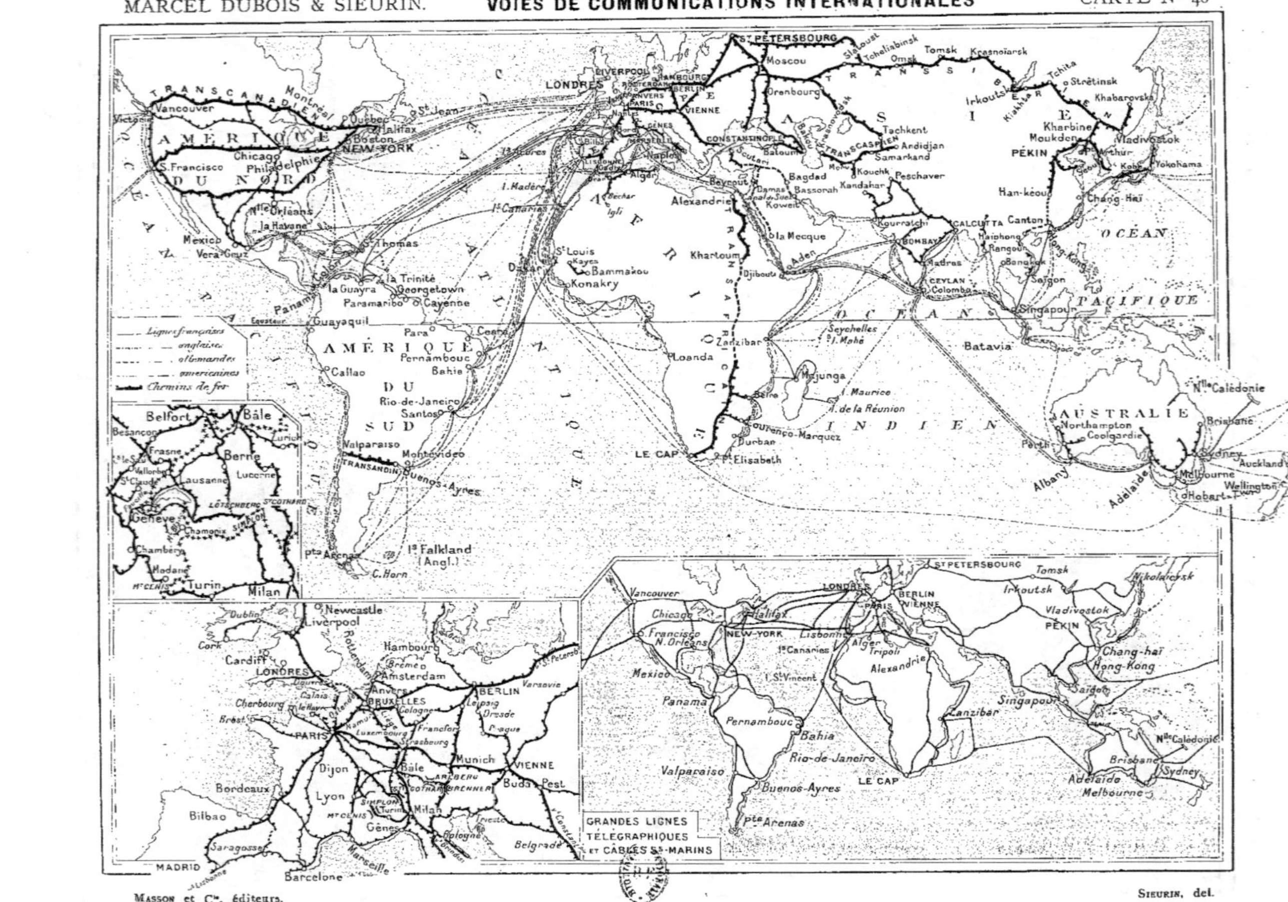
AMÉRIQUE DU NORD
AMÉRIQUE DU SUD
AFRIQUE
ASIE
AUSTRALIE
OCÉAN PACIFIQUE
OCÉAN ATLANTIQUE
OCÉAN INDIEN
TRANSCANADIEN
TRANSSIBÉRIEN
TRANSCASPIEN
TRANSAFRICAIN
TRANSANDIN
Vancouver
Victoria
Montreal
Québec
St Jean
Halifax
Boston
NEW-YORK
Chicago
Philadelphie
S. Francisco
Nle Orleans
la Havane
Mexico
Vera-Cruz
St Thomas
la Trinité
la Guayra
Georgetown
Paramaribo
Cayenne
Panama
Guayaquil
Callao
Para
Pernambouc
Bahia
Rio-de-Janeiro
Santos
Valparaiso
Montevideo
Buenos-Ayres
pte Arenas
C. Horn
Iles Falkland (Angl.)
LONDRES
LIVERPOOL
HAMBOURG
BERLIN
ROTTERDAM
ANVERS
PARIS
VIENNE
GÊNES
Naples
Lisbonne
Alger
Iles Madère
Iles Canaries
St Louis
Kayes
Bammakou
Konakry
Dakar
Alexandrie
Khartoum
la Mecque
Aden
Djibouti
Zanzibar
Loanda
Majunga
Mozambique
LE CAP
Durban
Lourenço-Marquez
Pt Elisabeth
Seychelles
Ile Mahé
Maurice
I. de la Réunion
ST PETERSBOURG
Moscou
Orenbourg
Omsk
Tchéliabinsk
Tomsk
Krasnoiarsk
Irkoutsk
Tchita
Strétinsk
Khabarovsk
Kiakhta
Vladivostok
Kharbine
Moukden
PÉKIN
Port-Arthur
Kobé
Yokohama
Chang-Haï
Han-kéou
Haiphong
Rangon
Bangkok
Saigon
Singapour
CEYLAN
Colombo
Madras
BOMBAY
CALCUTTA
Canton
Hong-Kong
Tachkent
Andidjan
Samarkand
Bagdad
Bassorah
Kandahar
Peschaver
Kouchk
CONSTANTINOPLE
Batoum
Beyrout
Damas
Suez
Koweit
Kourratch
Batavia
AUSTRALIE
Nlle Calédonie
Brisbane
Sydney
Melbourne
Adélaïde
Perth
Albany
Northampton
Coolgardie
Auckland
Wellington
Hobart-Town
OCÉAN PACIFIQUE
Lignes françaises
anglaises
allemandes
américaines
Chemins de fer
Belfort
Besançon
Bâle
Berne
Lucerne
Lausanne
Genève
Chamonix
Chambéry
Modane
Mt Cenis
Turin
Milan
LÖTSCHBERG
St GOTHARD
SIMPLON
Newcastle
Liverpool
Dublin
Cork
Cardiff
LONDRES
Cherbourg
Brest
Calais
Hambourg
Brême
Amsterdam
BRUXELLES
Cologne
Leipzig
Dresde
Prague
Francfort
Strasbourg
Luxembourg
Varsovie
BERLIN
PARIS
Dijon
Lyon
Bâle
Munich
VIENNE
Buda Pest
Bordeaux
Bilbao
Saragosse
MADRID
Gênes
Milan
Marseille
Barcelone
Belgrade
GRANDES LIGNES TÉLÉGRAPHIQUES ET CÂBLES Ss-MARINS
Vancouver
Chicago
S. Francisco
N. Orleans
NEW-YORK
Mexico
Panama
Pernambouc
Bahia
Rio-de-Janeiro
Valparaiso
Buenos-Ayres
pte Arenas
LONDRES
PARIS
BERLIN
VIENNE
Lisbonne
Iles Canaries
Alger
Tripoli
Alexandrie
I. St Vincent
Zanzibar
LE CAP
ST PETERSBOURG
Tomsk
Irkoutsk
Nikolaïevsk
Vladivostok
PÉKIN
Chang-haï
Hong-Kong
Saïgon
Singapour
Nlle Calédonie
Brisbane
Sydney
Adélaïde
Melbourne
Halifax
Tanger